普 天 之 下 · 盡 是 好 書
普天 出版家族
Popular Press Family
凌雲
A-Plus
Creative Company
文創

用幽默的心情，面對那些讓人抓狂的事情

先處理心情，再處理事情

WITH HUMOR FACED WITH CRAZY THING

塞德娜 編著

畢達哥拉斯曾說：

做自己感情的奴隸，比做暴君的奴僕更為不幸。

成功的人，往往懂得控制自己的心境；失敗的人，則容易困在負面情緒裡作繭自縛。面對那些讓人抓狂的事情，最重要的其實是先處理好自己的心情，這將決定你最後是化阻力為助力，舉步向前邁進，抑或就此敗在惡劣的心情之下。當你準備處理事情之前，千萬別忘了先處理自己的心情。

·出版序·

先處理心情，再處理事情

塞德娜

弱點與優點，往往是一體兩面、相輔相成的，利用自己的弱點，既能低頭避過正面攻擊，又能側身伺機迎擊。

畢達哥拉斯曾說：「做自己感情的奴隸，比做暴君的奴僕更為不幸。」

因爲，一個成熟有智慧的人，並不會動不動就用生氣來解決問題，而是會用機智來代替生氣的幼稚行爲。

成功的人，往往懂得控制自己的心境；失敗的人，則容易困在負面情緒裡作繭自縛。面對那些讓人抓狂的

事情，最重要的其實是先處理好自己的心情，用幽默的方式因應，這將決定你最後是化阻力爲助力，舉步向前邁進，抑或就此敗在惡劣的心情之下。

高壯堅強的大樹，目標顯著，一有強風吹來，硬碰硬的結果，總是樹倒枝斷；柔軟弱小的青草，毫不起眼，順風而動，伏倒之後總能再藉勢站起。

不會有人永遠是強者，每個人都有屬於自己的弱點。正視自己的弱點，思索因應的方法，反而能在夾縫中求得生機。

強者有強者的優勢，弱者同樣有自己生存的空間，過度逃避和掩飾自己的短處，恐怕就會讓自己的弱點成爲眞正的致命傷。

聯合國發起人之一的羅慕洛，曾經擔任菲律賓的外交部長，是世界相當知名的社會運動家。

羅慕洛的聰明才智從很小的時候就展露出來了，他唯一的缺憾就是身材過於矮小，外形極不起眼。因爲這一點，讓他待人處世之時總是特別注意別人的目光，一方面對自己的身材感到自慚形穢；一方面也認爲別人會因此瞧不起他。於是他故意買了很多高跟鞋來穿，希望能在外表上扳回一些優勢。

可是，穿了高跟鞋的他，身材並沒有高大到哪裡去，反而因爲穿上高跟鞋令別人感覺更矮了，就有人當著他的面嘲笑說：「矮子天生矮，就算穿上高跟

鞋也高不到哪裡去！」

聽到這種嘲諷，他憤而捨棄所有的高跟鞋，從此不在自己的身高上做文章。他發揮自己的專長，比別人更加刻苦地學習，積極努力地尋找每一個往上爬機會，以實力證明身高絕對不是問題。

二次大戰結束，聯合國成立大會進行當天，羅慕洛即以菲律賓代表團團長的身分應邀上台發表演說。由於講台的高度是以西方人的身材爲標準設計的，所以羅慕洛上台時，大家只能看見他的兩隻眼睛而已，一時之間，許多人大笑起來，場面萬分尷尬。

羅慕洛態度相當鎭靜，不發一言，等到所有的笑聲止息後，他才舉起一隻手，用力地揮動，大大方方地說：「讓我們把這個會場當成最後的戰場吧！」語音未落，在場所有的人都靜了下來，而後響起如雷的掌聲。

要處理事情，先處理心情

西方有句諺語說：「有勇氣而沒有機智，這種勇氣就是幼稚。」

換言之，一個有勇氣光著腳丫去踢石頭的人，絕對不會比用機智去叫別人幫自己踢石頭的人更聰明更有智慧。

羅慕洛以過人的氣度，展現了恢弘的胸襟，在那個以嘲諷和戲謔爲武器的戰場，他的冷靜還擊獲得了徹底的勝利。他的弱點，在他的機智冷靜應對之下，成爲一種絕對反差，反而更突顯了他個人的優點。

弱點與優點，往往是一體兩面、相輔相成的，利用自己的弱點，既能低頭避過正面攻擊，又能側身伺機迎擊。

作家喬治．桑曾說：「瞋怒的心情，經常會使小過變成大禍，讓自己從有

理變成無理。」

確實如此，心情好壞往往決定事情成敗，無論面對任何事情，必須切記先將自己的心情處理妥當以後，再處理事情，千萬別讓心情影響自己所做的任何判斷或決定，才不會造成事後懊悔不已。

現實生活中，讓人抓狂的事情很多，如果凡事都要認眞計較、針鋒相對，只會形成巨大的心理重擔。相對的，只要懂得用幽默詼諧的方式面對，大多數煩惱就會在風趣的氛圍中煙消雲散。

先處理**心情**，
再處理**事情** | CONTENTS |

PART 1 越是危急的情境越要冷靜

面對危急時，最好的應對之策，就是使自己先冷靜下來，靜心想方法、想謀略。遇事要冷靜，不只是一句口號，而是生存之道。

PART 2

多一分耐性，就少一分紛爭

遇上問題的時候，別急著生氣，先試著控制自己的怒氣，想清楚前因後果，才能夠據理力爭。

PART 3

說話得體，才能無往不利

懂得適時適地說好話，才能得到預期的效果，也才能運用話語的力量，在人與人之間製造出減少磨擦的潤滑劑。

PART 4

拐彎抹角有什麼不好？

以幽默的方式，不直接面對問題，而採取拐彎抹角的手段，可以消弭彼此針鋒相對的尖銳感，當然，也可以更圓滿地解決問題。

PART 5 要真心建議，不要惡意批評

同樣的意見，說得好是建議，說得不好是批評，所以，一定要小心謹慎，以免好心卻被誤以為惡意。

1
PART

越是危急的情境越要冷靜

面對危急時，最好的應對之策，
就是使自己先冷靜下來，
靜心想方法、想謀略。
遇事要冷靜，不只是一句口號，
而是生存之道。

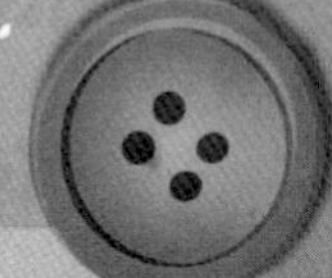

越是危急的情境越要冷靜

面對危急時，最好的應對之策，就是使自己先冷靜下來，靜心想方法、想謀略。遇事要冷靜，不只是一句口號，而是生存之道。

所謂「事不關己，關心則亂」，人一旦遇上和自己密切相關的事情，往往很難以平常心對待。

吳三桂「衝冠一怒為紅顏」，完全失去身為一個大將軍運籌帷幄的冷靜氣度，就是因為江山是別人的，紅顏則是自己的，既然你保不住我的紅顏，我也只好毀了你的江山。當歷史上批判吳、陳、李這段三角戀情時，對吳三桂的評價總多了分不值和嗤笑，因為他明明可以有更聰明的做法，但卻被憤怒蒙蔽了心智，做出令自己後悔的決定。

事不關己的時候，彷彿站在隔岸觀火，火從哪裡來、會往哪裡去，都看得一清二楚；對於該如何滅火，也自有一番策略。

但是，身陷火場的人，塵灰煙霧掩蓋了眼睛口鼻，耳朵裡也充斥著自己猛烈的心跳聲，光是要尋找活路就耗盡了自己所有心力，讓慌亂主宰了一切。

可是，在危急的情況中，若是不能冷靜下來，從自己熟悉的路徑思索求生的方向，很有可能只是在危難之中越陷越深。

◎用幽默的心情面對惱人的事情

英國著名的外科醫生山繆爾．夏普曾經遇過這麼一樁笑話。

當時，有一位英國侯爵不小心擦破了點

皮，細皮嫩肉的他就是覺得傷口火辣疼痛，於是命令僕人火速去將夏普請來診治。夏普帶著醫藥箱隨著僕人「火速」趕來之後，見了侯爵的傷口，加以檢查後，立刻疾聲吩咐侯爵趕快派人去藥房取藥。

侯爵一聽夏普的指示，心想自己的傷難道眞有這麼嚴重嗎？想著想著，臉色都變白了。於是，他忍不住詢問夏普：「我的傷口很危險嗎？」

夏普神情嚴肅，煞有其事地回答說：「是的，如果您的僕人不跑快一點的話，我擔心……」

「會發生什麼意外嗎？」侯爵焦急地問。

夏普繼續說：「我擔心，在他回來之前，您的傷口已經癒合了。」

這又是一則「關心則亂」惹來的笑話。一點小小的破皮，就馬上延請外科名醫前來診治，顯然是殺雞用上牛刀了，難怪會被夏普冷冷地幽了一默回去。

有些人天生容易緊張，這是因爲他們對事對人都不夠有信心，不夠相信周遭的人能順利完成分內的工作，所以不得不撈過界去擔心原本不該由他們擔心的事情。這樣的人或許能夠未雨綢繆，但是有時太過杞人憂天、神經兮兮，也會讓旁人承受不了。

過度的慌亂不但會造成自己情緒上的焦慮、行為上的失誤，同時也會影響到周遭的人，使得大家跟著一起緊張起來。這麼一來，軍心大亂，不論對陣前或陣後都是一種損傷。

所以，面對危急時，最好的應對之策，就是使自己先冷靜下來，靜心想方法、想謀略，做沙盤推演。

若真的坐不住，乾脆遠離一段時間，即使只有心情離開也好，最重要的就在於以其他事務讓自己分心，把焦點轉移，重新回到保持距離的原點。

專注可以創造效率，但過度執著反而會讓人模糊焦點。就好像看東西，拿得太遠看不清楚；拿得太近，真的要貼上眼珠時，其實也同樣看不清楚。遇事要冷靜，不只是一句口號，而是生存之道。

面對惡意，試著用幽默反擊

當惡意來襲，以惡意對抗惡意是最差的策略，不如用機智幽默的方式反擊，這才是最高明的做法。

日常生活中，總難免會遇上麻煩；惱人的是，有些麻煩是有人故意找碴。在這種情況下，和對方一般見識，不但貽笑大方，也顯得自己沒有度量；如果置之不理，萬一對方不知見好就收，擺明了想看你鬧笑話，心裡當真很難嚥得下那口氣。

這時候，最好的方法，就是不動聲色地以幽默思維反駁回去，讓對方落入自己設下的陷阱，如此就能既出氣又不失風度了。

在小獵犬號上撰寫《物種原始》，以進化論在人類發展史與生物理論上造成劇烈變動的著名生物學家查理．羅勃．達爾文，有一年曾經到一位隱居鄉間的朋友家中作客。

當時，友人的兩個小孩都知道這個客人是一位有名的生物學家，也聽過不少達爾文的事蹟，因而忍不住小孩子的好奇心，想要故意捉弄達爾文，看看他到底會作何反應。

這兩個小孩在園子裡抓了一隻蝴蝶、蚱蜢、一隻甲蟲、一條蜈蚣，接著拆下蝴蝶翅膀，然後接上蜈蚣的身體，又拔下蚱蜢的腿和甲蟲的頭，全都連接在一起，拼成了一隻看起來四不像的昆蟲。

他們把這隻奇形怪狀的昆蟲放在盒子裡，帶著捉弄的表情一起來到達爾文的房間。其中一個孩子說：「達爾文先生，我們在花園裡抓到了這隻蟲，您能不能告訴我們，這蟲到底是屬於哪一種類的昆蟲呢？」

達爾文自然一下子就看出這兩個孩子在玩什麼花樣，於是他面帶微笑地說：「孩子們，你們可曾留意牠在被你們抓到時會不會叫？」

兩個孩子你看我、我看你，推來推去之後，其中一個總算開口說：「會叫的，達爾文先生。」

「這樣啊，」達爾文神情愉悅地回答說：「那麼，我想這是屬於一種『叫蟲』。」結果，兩個孩子一時間目瞪口呆，被達爾文唬得一愣一愣的。

生物學上的分類法則，就是以生物的特徵進行歸類與區分；而所謂的分類，

就是從整體之中找尋出個別的特徵，再將相同與相似的特徵予以歸類。從整體之中，我們可以演繹出不同的分類；而在不同類別中，我們也同樣能推估出整體。那麼，只要是會叫的蟲，當然都可以稱之爲「叫蟲」囉！

達爾文便是運用這樣的科學事實，將孩子們的惡作劇轉換爲幽默，把玩笑開回去。如此既不傷大雅，又暗地裡教訓了兩個不知天高地厚的小鬼，說不定還能引發他們對生物科學的興趣與好奇，可說是一舉多得。

日常生活中，我們難免會遭受刁難，對方可能會在雞蛋裡挑骨頭，想在菜頭堆裡買饅頭，這些舉動的目的，往往是要來找麻煩的。不論是假意迎合附和或強硬對抗，都可能恰好落入對手的陷阱裡。

面對惡意的挑釁時，你雖然可以選擇閃避，更可以選擇主動出擊，利用幽默營造出來的曖昧空間，制敵機先，使得對手沒有進一步下手的機會。

當惡意來襲，以惡意對抗惡意是最差的策略，不如學學達爾文，先處理自己的心情，再用機智幽默的方式反擊，這才是最高明的做法。

發揮幽默感，讓批評更婉轉

對這個世界來說，中肯善意的批評是極為重要的。但是，如果能用辭委婉、善用幽默地批評，批評者也可以少惹些麻煩了。

人類不會只有一種思考的方式，也不會只有一種做事的方法，這是人類得以創建這個多彩多姿的世界的一大主因。可惜的是，這也是人類世界紛爭不斷的一大主因，因爲很多人不懂得接納不同的想法與做法。

批評的言語隨時都可能脫口而出。有些批評是壞的，例如當你存心想傷害對方的時候，這時的批評就實在要不得；當然有些時候，批評是好的，因爲你期望對方進步，也期望未來會更好，你的出發點是好的，目的也是正確的。

但是，沒有多少人喜歡聽批評的言辭，不管是好的，還是壞的。所以，我們應該小心選擇批評的手法。

方法對了，即使是再嚴厲的批評，也能讓對方考慮接受。

試著發揮自己的幽默感，你就可以批評得很婉轉。

◎用幽默的心情面對惱人的事情

德國微生物學家羅伯特．科赫，曾經爲了研究一種昏睡病而特地前往非洲考察。他發現那種病是由一種微生物造成的，人一旦罹患這種病，就會整天昏昏欲睡、神智不清，直到死亡都保持這種狀況。

考察回國之後，科赫被邀請到國

會說明他考察的結果。

當時他到得早了點，於是被安排在接待處等候某位高級官員接見。這時，剛好大廳裡正在召開國家預算委員會，議員們正忙著審核年度預算，於是科赫便在一旁聆聽會議的進行。

或許是因爲工作太累，或許是因爲輕忽自己的職責，議會中有好幾位議員竟然幾乎從頭睡到尾，完全怠忽自己的職守。

後來，科赫正式發表報告時，忍不住說：「我認爲，我在非洲考察團裡歷經千辛萬苦後才得到成果的做法，根本是沒有必要的。因爲昏睡病的案例，其實在德國就能得到。只要觀察一下國家預算委員會會議上，許多位議員先生的作爲就能明白了……」

科赫的言下之意，相信很多人都聽得出來。他當然是在指責那些領錢打瞌睡的議員們，他當然是在嘲諷議員們怠忽職守，竟然在國會殿堂上大睡特睡。

除非推斷他們得了「昏睡症」，否則將如何爲他們的行爲開脫呢？

那些議員們聽見這番話後，可能會羞得滿臉通紅，但嘴裡卻是一句埋怨也不敢說出口，畢竟是自己理虧在先，只得任人消遣；一旦出言反擊，很容易變成對號入座，豈不成了「此地無銀三百兩」？

科赫的幽默感，不但讓自己的報告達到風趣開場的目的，同時也爲自己心裡的不滿出了口氣，若是眞能從此改善國會的議事風氣，更是功德一樁。

批評不全然是壞事，因爲人想要進步，就需要廣納建言，才能改善自己的盲點。可是既然「忠言逆耳」，也就表示即使是最善意的批評，還是可能會給人帶來痛楚。因此，要如何既讓對方接納自己的建議，同時又不傷害雙方的情誼，恐怕得多費點心思多想想。

對這個世界來說，中肯善意的批評是極爲重要的。但是，如果能用辭委婉、善用幽默地批評，批評者也可以少惹些麻煩了。

將難聽的話留在嘴裡

應該在惡言出口之前，三思再三思。就算有些架非吵不可，還是要提醒自己將難聽的話留在嘴裡。

格拉寧在《婚後》中寫道：「爭吵是很容易忘卻的，但是爭吵中的發洩，卻留下了難以消除的痛苦。」

其實，這種現象又豈止在婚姻裡如此，我們生活中的每一種人際關係，都可能因爲爭吵對立而破裂。

爭吵的時候，有的人以爲自己是在爭論一個道理，或許眞理眞的是越辯越明，但是，很多人辯到了最後，哪裡是在辯論事理呢？只不過是淪爲情緒性的相互攻訐，互揭瘡疤罷了。

這種現象遇上了各種選舉期間，更是層出不窮，讓人不免覺得生在這個社會，還不得不訓練自己吵架的本領，如果不能拍踢桌子大罵幾句，甚至冷言諷刺，彷佛就會被人看扁了似的。

所以，你吵我就吵得比你更大聲，一時之間，整個社會全充斥了你罵我、我罵你的聲音，沒有一個是好人。

用幽默的心情面對惱人的事情

吵架是一個危險的行動，因爲在那樣情緒激動的時候，許多你原本不打算說的話，都會以最惡劣的形式脫口而出。

有位富婆氣焰囂張地在一家高級餐廳裡，不停抱怨著這樣不對，那樣不好，侍者尊重顧客，不敢發怒地站在一旁聽她抱怨。

但是，富婆絲毫沒有作罷的打算，反而得寸進尺，高傲地指著一道菜說：

「你說，這叫作食物？我看連豬都不會吃！」

被罵得心有不甘的侍者終於按捺不住，冷冷地說：「是這樣嗎？那麼，我去替您弄點豬吃的來。」

這種口出惡言、反唇相譏的例子，也經常出現在現代的婚姻生活之中，以下就是一個例子。

丈夫聽了不中意的話，指責說：「妳講話起來就好像我是一個白癡。」

太太反唇相譏：「你難道不曉得只有這樣，你才會懂？」

「拿去洗衣店的襯衫拿回來了嗎？」過了一會，丈夫沒好氣的問。

「我是你什麼人，女傭嗎？」妻子回答。

「當然不是，」丈夫逮到機會，頂了回去：「妳如果是女傭的話，至少應該懂得怎樣

洗衣服。」

兩個例子，都是不懂說話藝術的最佳例證，也道盡了現代人典型的交往模式，要嘛心無善意，要嘛不懂寬容。

我們經常掉進一個陷阱，就是爭論必有輸贏，總之一定要吵出個誰對誰錯，每個人都堅持己見，絲毫不肯退讓，即使罵盡對方祖宗十八代也在所不惜。極盡嘲諷、刻薄的言語全數出籠，傷人也自傷，何必呢？

富婆勝過侍者的只是錢罷了，並不代表她就可以仗恃著自己有錢就對人頤指氣使，別人不見得要忍受她的氣焰，不是嗎？

至於侍者，大可以請她離開這個令她感到不愉快的地方，而不見得要出言嘲諷，反降低了自己的格調。

夫妻之間更應該和睦相處，既不能把在外頭所受的怨氣帶回家裡，也不必在言語上爭強鬥勝，否則婚姻關係就難以維持下去。

看輕他人的人，終究也會被人看輕。

惡毒的語言就像一種毒素，它能將人與人之間的任何好的連結，全數侵蝕殆盡。很多人只知道「得理不饒人」、「火上澆油」，吵到最後，彼此之間只剩下嫌惡與憎恨。

如果人與人之間往返的都是憎惡與仇恨，我們還有心靈安寧之日嗎？我們還能創造出任何美的事物嗎？

不能的，因爲醜惡的心所造就的，是醜惡的世界。

既然言語的能力來自於思考的能力，我們就應該在惡言出口之前，三思再三思。就算有些架非吵不可，還是要提醒自己發揮幽默感，將難聽的話留在嘴裡，這是爲人處世最基本的氣度。

紀伯倫說：「讓愛成為靈魂兩岸之間流動的海洋。」

應對進退的時候，唯有改變彼此針鋒相對的態度，才能讓人與人之間的關係以愛相繫，而非以恨連結。

放低姿態不代表失敗

不用急於告訴別人自己有多好，只要夠好，別人一定看得到；也不用告訴別人他有多差，因為他自己會露出馬腳。

不知道大家有沒有發現，當我們的膝蓋略略彎曲，將身體重心平均放於兩腳，我們移動的速度會比兩腳筆直站立時來得快速。這代表著，我們面對攻擊時，以這樣的姿態回防，反應力也會比較高。

要練武術，首先得學紮馬步，馬步踩得穩，別人就攻不了你的下盤；馬步虛浮，輕輕一推一絆，就得摔得狗吃屎了。

在跆拳道裡有個招數，就是當攻擊迎面而來的時候，立刻屈膝低頭，閃過對方的拳頭飛腿，然後趁對方來不及防備時朝他的腳一掃，如果對方反應不足或馬步不穩，就會即刻倒地。

可見，偶爾放低姿態不見得就代表認輸，而是以另一種方式還擊。

◎用幽默的心情面對惱人的事情

崢嶸一時的前英國首相丘吉爾退出政壇後，有一次騎著腳踏車在路上閒逛。恰巧，也有一位女士騎著腳踏車，從另一個方向急駛而來，由於煞不住車，直直地撞上了丘吉爾。

「你這個糟老頭到底會不會騎車？」這位女士惡人先告狀地破口大罵：「騎車不長眼睛嗎？……」

丘吉爾溫和地道歉：「對不起！對不起！我還不太會騎車，看來您已經學會很久了，對不對？」

這位女士見對方如此低姿態，反而有一點不好意思，再仔細一看，眼前竟然是偉大的首相，頓時羞愧得無地自容，囁嚅地說道：「不……不……我是半分鐘之前才學會的……教我如何騎車的就是閣下您。」

曾以首相之尊治理國家的丘吉爾，他的能力衆所矚目，但他並不以自己的威權來欺壓別人，只不過在面對他人無理對待的時候，他朗朗的氣度，便自然地顯露了出來，一句話反而讓對方自覺羞愧，無地自容。

◎要處理事情，先處理心情

謙遜，不是退縮，而是謹慎行事；不是不前進，而是不躁進。

莎士比亞認爲：「智慧越是遮掩，越是明亮，像美貌因為蒙上黑紗而十倍動人。」我們不用急於告訴別人自己有多好，只要我們夠好，別人一定看得到；我們也不用告訴別人他有多差，因爲他自己會露出馬腳。

每天，我們都會遇見不同的人、不同的事，面對不同的狀況，我們需要針對每一件事做出不同的反應。

這個世上，總有些人認爲自己高過其他人一等，所以態勢囂張，不顧一切先發制人，反正先把對方踩在腳底再說。

這樣的人或許能得到了一時的勝利，卻忘了自己只剩一隻腳站在地上，等別人猛地站起身來時，他可能就不得不摔跤了。

想成功，首先得不能示弱

懂得強化自己的長處，也懂得掩飾自己的短處，這是一種充滿自信的表現，讓人不敢輕忽你的存在。

莎士比亞在《哈姆雷特》裡留下了這樣的文句：「留心避免和人爭吵，可是萬一爭端已起，就應該讓對方知道你不是可以輕侮的。」

在自然界，我們可以很普遍地觀察到這樣的相爭模式。兩隻雄雞相逢，必先各自豎起毛羽，發出宏亮雞鳴，意圖在氣勢上勝過對方；在未知對方底細之前，只要裝得夠強勢，說不定真能嚇跑信心不足的對手。

每個人總有不如別人的短處，儘管我們知道自己的弱點何在，但是在心理態度上絕對不能先行示弱，否則就真的矮人一截了。

弱者並不一定不能贏，只要有足夠的勇氣與智慧，懂得掌握良機，因應權變，一樣有機會奪取勝利。

最基本的做法，就是在態勢上絕不輕易示弱。

○用幽默的心情面對惱人的事情

有一個小國家因故與鄰邦強國交惡，種種衝突一觸即發，大有不惜一戰之勢。於是，小國派出外交大使出使強國，就戰爭問題與強國的首相進行議論，主要用意在於一探對方虛實。

談判過程並不順利，雙方劍拔弩張，屢談不攏，最後小國大使放話不惜開戰，以威脅強國。

大使說：「我國擁有軍車三十輛，飛機八十架，足以攻擊貴國。」

主導整個談判的強國首相聽了，輕蔑地笑道：「我們的軍車和飛機數量，要多過你們一百倍。」

小國大使仍不示弱，繼續恐嚇道：「我國有二萬五千人的精良部隊，能夠迅速佔領貴國。」

強國首相放聲大笑：「我們擁有的軍隊，人數多過你們一百倍。」

小國大使聽了，要求先回國請示，再繼續談判。當大使再度來訪時，態度已有了一百八十度的轉變，希望以和平方式解決衝突問題。

強國首相認爲小國必定是懼怕自己的堅強國力，沒想到小國大使竟仍舊神色自若地說：「您錯了，我國並非懼怕貴國的兵力，而是我國國土太小，容不下兩百五十萬名戰俘。」

外交人員爲國發聲，所代表的是國家形象，要如何因應詭譎的國際情勢，需要有足夠的智謀；縱使國力不如人，也不能輕易示弱，讓人看輕。小國大使

所言即使過於虛張聲勢，卻也十足維持了國格，這是他的責任。

聰明的人有自知之明，既知道自己的長處，也知道自己的短處，既懂得強化自己的長處，也懂得掩飾自己的短處，這是一種充滿自信的表現，讓人不敢輕忽自己的存在。

好萊塢知名女演員琥碧戈珀曾經這麼說：「女演員只能演女人，而我是演員，我能演任何角色。」

能有這樣自信的人，必定能夠闖蕩出一片自己的天空。

看重自己，就能讓別人看重你，要知道，或許我們有不如人之處，但是我們也一定有過人之處。不曾面對面遭遇，如何分高低？雙方各擁本身的優勢，沒有經過真正的比試，輸贏還沒有定數。

所以，站穩自己的腳步，不要一開始就長他人志氣滅自己威風，抱持著一定要贏的心態，成功的勝率無形中便會增大了一點。

輕視別人就是貶低自己

只不過有一點小小的功名成就，別人不一定要向你卑躬屈膝，如果因此而看不起別人，其實是輕視了自己，最後終究會自取其辱！

俗語說：「人怕出名，豬怕肥」，身為名人或公眾人物，可能就代表著隱私權被剝奪，因為處處都有人睜大眼睛看著他們，為了維護自己的形象，可能忍受了旁人無從得知的巨大壓力。

當然，也有人很享受名氣所帶來的種種好處，包含高人一等的優越感與虛榮感，有時甚至表現得不可一世。

只是，即便是眾星拱月的大主角，也不一定能讓所有的人隨之起舞。

電影明星洛依德將車子開到檢修站例行維修檢查，一名女性工作人員負責接待他。她熟練靈巧的雙手和美麗的容貌，一下子吸引了洛依德。

當時，整個巴黎都知道他的名氣，可說是無人不知、無人不曉，但這位姑娘卻絲毫不表示驚異和興奮，只是專心忙著自己的工作。

「妳喜歡看電影嗎？」他禁不住問道。

「當然喜歡，我還是個影迷呢！」

女孩手腳伶俐，很快地完成了汽車的維修工作，然後對洛依德說：「您可以開走了，先生。」

但洛依德卻感到有點依依不捨：「小姐，可以陪我去兜兜風嗎？」

「不！我還有工作。」

「這同樣也是妳的工作，妳修的車子，最好親自檢查一下。」

「好吧，是您開還是我開？」

「當然我開，是我邀請妳的嘛。」

車況非常良好，一路行來平穩又順暢。女孩開口問道：「看來沒有什麼問題了，請讓我下車好嗎？」

「怎麼，妳不想再陪陪我了？我再問妳一遍，妳喜歡看電影嗎？」

「我回答過了，喜歡，而且是個影迷。」

「那，妳不認識我嗎？」

「您那麼有名，我怎麼會不認識呢？您一進來，我就認出您是當代影帝阿列克斯·洛依德。」

「既然如此，妳為何還這樣冷淡？」

「不！您錯了，我沒有冷淡。只是沒有像別的女孩子那樣狂熱。您有您的成就，我有我的工作。您來修車是我的顧客，如果您不再是明星了，再來修車，我也會一

樣地接待您。人與人之間不就應該是這樣嗎？」

聽了這話，洛依德不禁沉默了。因爲，在這名女修車員的面前，令他感到自己的淺薄與虛妄。

「小姐，謝謝！妳讓我知道，我應該認眞反省一下自己的價値。現在讓我立刻送妳回去。」

要處理事情，先處理心情

人往往會因爲外在的包裝或是渲染而把自己想得太過高貴，其實哪有人眞的是鑲金帶銀的呢？每一個人都不過是皮囊之軀罷了！

只不過有一點小小的功名成就，別人不一定要向你卑躬屈膝，如果因此而看不起別人，其實是輕視了自己，最後終究會自取其辱！

人生在世，其實每個人都應該是平等的，不見得身爲總統就比別人高尚，畢竟總統也是替人民做事的呀！自我的價値來自於自己的肯定，至於外在的名氣是衆人所給予的，今日得到了，他日就可能失去了，不然怎麼會有人說「虛

名如浮雲」呢？

偶像明星是因為有歌迷、影迷的支持，才有所謂的名氣與人氣，如果沒有歌迷、影迷願意掏腰包花錢去買唱片、去看電影，即便是明星又如何呢？別人活該匍匐在他們的腳下嗎？

愈是聲名在外，就應該愈懂得謙卑感恩才是；唯有懂得尊重他人，才能獲得他人的尊重。所以，那名女修車員應對得漂亮，即使是影帝，在修車廠內也不過是一名顧客而已，並不須要給予特殊的禮遇，公事只要公辦就成了。

何必刻意迎合別人的建議？

自己就是自己的主宰，自己的人生要由自己掌握，別人的人生觀、價值觀可以作為參考，但不須刻意附合，也不須曲意承歡。

俗話說：「佛要金裝，人要衣裝」，強調了外在形象對人的重要性，畢竟在這個社會裡，以貌取人的人實在太多了。

這種說法彷彿強調，穿著西裝革履的傢伙，就好像社會地位不凡似的，可以得到別人第一眼的好印象，獲得不同的待遇。

但是，外表的光鮮，眞的代表著實力過人嗎？

有人並卻不這麼認爲，最著名的例子，就是以相對論聞名世界的科學家愛因斯坦：面對別人好心的「建議」，他總是以幽默的方式回應。

用幽默的心情面對惱人的事情

一天，初到美國的愛因斯坦，在紐約街道上遇見一位朋友。

「愛因斯坦先生，」這位朋友說：「你似乎有必要添置一件新大衣了。瞧，你身上這件多舊啊！」

「這有什麼關係？反正在紐約誰也不認識我。」愛因斯坦無所謂地說。

幾年後，他們又偶然相遇。這時，愛因斯坦已經譽滿天下，卻還是穿著那件舊大衣，他的朋友又建議他去買一件新大衣。

「這又何必呢？」愛因斯坦說：「反正這兒每個人都已經認識我了。」

愛因斯坦不喜歡物質層面的奢華，總認為自己的成就只不過像在廣闊的海邊拾到的一個漂亮貝殼而已，根本微不足道，更何況，他愈是深入研究這個世界，益發覺得人類的渺小，所以為人處世更加虛懷若谷。

既然他並不覺得自己的成就過人，當然不會到處誇耀自己的才能，也不會因為聲譽斐然而感到驕傲，更不覺得有必要為了討好別人，或是為了顯示自己的名氣與知名度而刻意修飾外在。

因為，外表的光鮮亮麗，並不代表裡子同樣紮實，所謂「金玉其外，敗絮其中」，說的就是這個道理。這個世界上名實不符的人實在太多了，而「名過於實」的情況更是時有所聞。

愛因斯坦不在乎別人的看法，不追求外在的名利，只求對自己負責，只執著於自己的信念，所展現出來的，才是名實相符的大師風範。

世人的目光難免太過於刻板，習慣性地認為，無論從事什麼行業，一定得

依著既定的模式去做，彷彿沒照著做的人就是特立獨行，就是格格不入。

但是，我們一定要被這些既定的規範或束縛左右嗎？難道我們就不能擁有自己的獨特性嗎？

無須因著他人的眼光過活，只要自己快樂自在就行了，如果奢想獲得所有人的認同，而刻意去違背自己的心意，最後卻落入瞻前顧後、寸步難行的日子，不是過得太辛苦了嗎？

自己就是自己的主宰，自己的人生要由自己掌握，別人的人生觀、價值觀當然可以作爲參考，但實在不須刻意附合，也不須曲意承歡，因爲對得起自己最重要。面對的「好意」，不妨學學愛因斯坦式的幽默吧！

2
PART

多一分耐性，就少一分紛爭

遇上問題的時候，別急著生氣，
先試著控制自己的怒氣，
想清楚前因後果，
才能夠據理力爭。

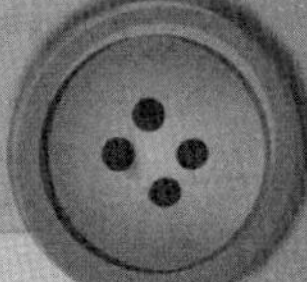

多一分耐性，就少一分紛爭

遇上問題的時候，別急著生氣，先試著控制自己的怒氣，想清楚前因後果，才能夠據理力爭。

有句話說：「守得雲開見月明。」意思就是天上的明月雖然被烏雲遮擋，但烏雲總會有消散的一日，能耐心等待的人，必能有緣窺見美麗的月光。

哈佛大學醫學博士，曾經寫過《心靈地圖》一書的派克醫師說過一句話：「沒有耐心做後盾，生活就不具有任何意義。」

他主張，人應該過有耐心的生活，漫無節制絕不會比有耐心來得更深刻，甚至會讓人一事無成。

但是，忍耐與等待都是相當辛苦的，心之所欲不能獲得，更是讓人難受，只不過，焦急躁進並不一定就能夠獲得，反倒是等待之後所得到的果實，可能讓人分外覺得甘甜。

就好像煲一鍋湯，如果不能慢慢地，一次又一次不厭其煩地攪拌，靜靜等待每一項食材在湯中釋放出所有的香甜甘美，又怎麼會有一鍋好湯可喝？花點時間耐心等待，可能是值得的。

用幽默的心情面對惱人的事情

有些時候，怒氣一觸即發，假使雙方都不願忍耐退讓，怒氣宣洩的結果可能炸得兩敗俱傷，傷人也傷己。但是，玉石俱焚的結局眞的是我們樂於見到的嗎？如果每個人都沒有辦法體會與學習「忍耐」的功夫，那麼人與人之間的關係必定是一團混亂。

還記得白羊黑羊的故事嗎？互不相讓的兩隻羊，在橋上你推我擠，誰也不肯讓誰先過橋，最後全都掉到水裡，誰也過不了橋，這又何必呢？

德國最偉大的思想家、劇作家歌德，面對同樣的問題，他的做法發揮了高度忍讓的精神，過人的風度值得我們學習。

有一天，歌德來到魏瑪公園散步，魏瑪公園裡有一處僅容一人行走的小徑，是它的一大特色。

歌德行經這條小徑時，想不到迎面來了一個人。那個人正是前不久才將歌德的所有作品批評得無一是處的評論家。

兩人面對面站住了，只見那批評家站得挺直，態度傲慢地說：「對於一個傻子，我絕不讓路。」

但歌德卻不怒反笑，說道：「我的做法恰好相反。」

說完，歌德隨即臉帶微笑地站到旁邊。

爭一時之氣，不一定能夠讓我們得到什麼，適度的忍耐才能冷靜處理各項生活上的問題。

我們每個人都有許多缺點，相處的時候，你退一步，我讓一步，相互容忍對方，關係自然和諧，如果誰也不讓誰，不斷揭對方瘡疤，硬碰硬的結果，恐怕只會讓彼此更加傷痕累累吧。

耐心是解決種種紛爭、不和的最佳良藥。正因爲我們對彼此的忍耐，所以造就了社會的祥和。

耐心，是可以培養的。遇上問題的時候，別急著生氣，先試著控制自己的怒氣，想清楚前因後果，才能夠據理力爭。偶爾，試著站在對方的立場上想想，試著同理對方的感受，或許「忍耐」做起來就沒有那麼困難了。

對人多一分耐性，對人多一分慈悲，對事多一分容忍，社會自然就減少了許多無謂的紛爭與不和。

你可以決定要如何回應

漸漸放寬心的想法，就能漸漸放鬆自己的做法，乘著輕舟，漂過逆境與險灘，也是一種自在的方法。

有一個觀念很有意思，那就是：「能影響你的，不是別人，不是外物；能影響你的，只有你自己。」

仔細想想，這句話其實說得滿有道理的。雖然在某些情境引導之下，可能會改變了我們的行事作爲，但是，如果不是我們自己決定要順隨形勢，形勢是沒有辦法改變我們的。

簡單舉一個例子，一個人到了餐廳準備點菜吃飯，他本來想點排骨飯，卻發現周圍的幾位客人全都點了雞腿飯，老闆也大力推薦今天的烤雞腿，說不定這個人後來真的決定改點雞腿飯。

這樣的結果當然起源於周遭環境的影響，但是卻不能說是環境幫他做了決定，因為真正做出決定的是他自己。

每一個人都有權為自己做決定，也有義務為自己的決定負責任。

希臘大哲學家蘇格拉底，有一天和一位老朋友在雅典城裡悠哉地散步，一邊走一邊愉快地聊天。

忽然，有位憤世嫉俗的青年出現，拿起棍子打了他一下就跑走了。

他的朋友看見了，氣得立刻回頭就要找那個傢伙算帳。

但是，蘇格拉底拉住他，不讓他去報復那人。朋友覺得很奇怪，就問：「難道你怕這個人嗎？」

蘇格拉底說：「不，我絕不是怕他。」

朋友又問：「那麼人家打你，你都不還手嗎？」

此時蘇格拉底笑著說：「老朋友，你糊塗了，難道一頭驢子踢你一腳，你也要回踢牠一腳嗎？」

蘇格拉底想得自在，他不會讓這些不愉快的事物束縛住自己，雖然無緣無故被人敲了一棒，但是當作被瘋驢踢了一腳也就罷了，讓這種莫名其妙的事毀了一整天的好心情，眞是一點也划不來。

要處理事情，先處理心情

突如其來的災禍，總不免令人感到憤恨不平，「爲什麼會是我」的疑問，在心頭縈繞不去，心生報復感是理所當然的反應。但是，如果我們讓自己被報

復心困鎖住，我們就永遠掙脫不開，也永遠得不到眞正的自由。

因爲，一旦我們的心念被仇恨佔滿，我們所做的一切都是爲了復仇，那麼等到仇報完了，我們也一無所有了。

再說，與人抗爭、針鋒相對，總會有輸有贏或者落得兩敗俱傷，又何必呢？倘若我們輸了，原本的傷痛又再狠狠地劃上一刀，徒增痛苦；倘若我們贏了，對方他日必來報仇雪恨，恐怕是冤冤相報何時了，鎭日想著對方什麼時候會來報仇的人，又何嘗不是一種心理負擔呢？

不妨就依蘇格拉底的法子試試，當被瘋驢踢了一腳就算了。或許，驢子是瘋了，那執著要去反踢驢子一腳的人，豈不是和驢子一樣嗎？

不要忘了，每一個人都要承擔自己決定後所得到的結果，不想受什麼果，就別造什麼因。漸漸放寬心的想法，就能漸漸放鬆自己的做法，乘著輕舟，漂過逆境與險灘，也是一種自在的方法。

善用語言和機智，可收得最大利益

我們經常藉由語言的力量，破壞了人與人之間的和諧，讓言語成為另一種傷人的武器。

語言，是一種力量極爲強大的武器。一如其他的武器，語言也是雙面刃，可以傷人也可能傷己，使用時得特別小心。

美國作家霍桑這麼形容過語言的力量：「詞彙——當它們排列在詞典中時，顯得如此單純纖弱，但若掌握在一個懂得如何組合它們的人手中，它們行善或作惡的能力會變得何等強大啊！」

讓我們來見識一下語言究竟有多大的力量。

著名的恐怖懸疑片大師希區考克，據說有一次在蘇格蘭山區裡迷了路，不知走了多久，才在漆黑的夜色之中見到一抹亮光。他立刻加速朝向光亮處前進，總算來到一戶人家門前。

敲了敲門，等了又等，總算有人前來開門。但當他向屋主提出借宿一晚的要求時，卻立刻遭到嚴辭拒絕。

屋主大叫：「我家又不是旅店！我幹嘛要借你住？」

屋主的態度實在不佳，但餓昏了也冷斃了的希區考克不願就此放棄，靈光一閃，故意不懷好意地笑著說：「只要我問你三個問題，就可以證明這間屋子就是一家旅店。」

屋主聽他口氣狂妄，氣不過，便對他說：「好，如果你真能說服得了我，我就讓你進門。」

第一個問題：「在你之前，是誰住在這裡？」

屋主回答：「家父。」

第二個問題：「那麼在令尊之前，又是由誰當家作主？」

屋主回答：「是我的祖父。」

最後一個問題：「假使閣下過世了，這房子會落到誰手上？」

屋主回答：「我兒子！」

希區考克面露微笑地說：「這不就結了，你瞧，你不過就是暫時在這裡住上一段時間，說穿了和我一樣是個旅客，你還說它不是旅店？」

就這樣，希區考克終於在屋子裡，舒舒服服地度過一個晚上。

希區考克一陣詭辯，就讓屋主啞口無言，不得不出借客房收留他一晚，由

此可以知道語言的力量究竟有多大了吧！

英國作家赫胥黎曾使用非常嚴厲的話語來批判語言對人類的影響，他說：「語言使我們超越了畜牲的範圍；語言也使我們沉淪到惡魔的水平。」

我們學會如何使用語言，使得知識與文化得以代代流傳，得以在不同民族間交流；但是，我們也經常藉由語言，破壞了人與人之間的和諧，讓言語成爲另一種傷人的武器。

有時候，這種武器，就連最堅硬的盾甲都抵擋不住。

手握如此利器的我們，必須謹慎小心地使用，才能使這種武器的正面力量得到最恰當的發揮。

改變食古不化的想法

別把自己的腦子加上了大鎖，多以開放的心態接納外界的訊息，以幽默的方式相處，才能彼此互動，激盪出創意的火花。

這個世界上有一種人，不會花言巧語，不懂得運用計謀，可能四肢發達，卻只知道直線思考。

很多人表面上說他們單純、天真，其實內心多半在嘲笑他們是「白癡」，然而，他們眞的白癡嗎？眞的一無是處嗎？再退一步想，難道那些嘲笑他們的人，就眞的勝過他們嗎？

有這麼一個有趣的故事，可以讓我們檢討一下，這種不經意就會流露出來的優越感有多麼可笑。

某日，一位被衆人視爲白癡的人對天才說：「你猜猜看，我的牙齒能咬住我的左眼睛嗎？」

天才盯著白癡看了幾眼，篤定地說：「絕對不可能啊！」

白癡說：「那，不如我們來打個賭吧！」

天才認爲這絕對是不可能的事，於是同意打賭，但只見白癡將左眼窩裡的假眼球取出丟進口中，用上下牙齒咬著。

天才嚇了一跳，說道：「沒想到，眞的可以呀！」

白癡又說：「那你信不信，我的牙齒也能咬住我的右眼睛？」

天才說：「不可能的！」他心想，難道這個傢伙兩隻眼睛都是假的？這絕對不可能，否則他就看不見東西了。

於是，兩人再次打賭，只見白癡輕易地把假牙拿下，往右眼一扣。

天才再度吃驚了，說：「沒想到，眞的可以呀！」

你說，到底誰才是白癡呢？

其實，在這個社會上，對於白癡和天才的定義有很大的雷同之處。

第一、他們的人數不多。

第二、他們都異於常人。

第三、有時候所謂的天才想法，在沒試成功之前，其實看來都很白癡；反之，很多白癡單純執著的舉動，最後卻能激發出天才的靈感。

像愛迪生小時候就曾被視爲白癡，還讓家人擔憂了好一陣子，可見得天才

和白癡只有一線之隔。

所謂天才的想法，有時候因爲太過驚世駭俗，超過凡人的想像太多，所以根本無法被接受，甚至遭到排斥，但究竟誰才是眞的白癡呢？

無法被人接受的點子，或是被人視爲天眞、愚蠢的想法，眞的毫無用處，只是浪費時間嗎？

恐怕並不是如此吧。

保持一顆純眞、無住無染的心，以單純與開闊的態度來面對生活難題，並不丟臉。別把自己的腦子加上了大鎖，人類就是需要揚棄自己腦中食古不化的觀念，多以開放的心態接納外界的訊息，以幽默的方式相處，才能彼此良好地互動，激盪出創意的火花。

開懷大笑，抗憂減壓過生活

真正爬上金字塔頂端的人，往往是情緒管理與工作EQ一流，能夠不斷地自我調適，永遠談笑風生，冷靜自若。

現代人生活壓力太大，神經緊繃得過度，思緒狹隘過了頭，於是心理上的毛病一大堆。根據調查，保持心情愉快是長壽的秘訣之一，古希臘哲學家畢達哥拉斯就曾提倡每天唱歌、彈琴來消除憂傷和憤怒情緒。

可是，沮喪和憂鬱這些低潮，就像影子一樣始終存在，只要背對著光亮的時候就會出現，我們除了正面迎擊之外，光是逃避是沒有用的。所以，不妨把低潮的情緒視為一種試煉，然後尋找積極的方法，打起精神從憂鬱中跳脫出來，自然就能脫離情緒低落的困境。

俗話說：「一笑解千愁」。笑，是對抗憂鬱的一帖良藥，嘴巴笑開了，心也會跟著開闊許多。

○用幽默的心情面對惱人的事情

傳說中國古時候有位御史，由於長期憂國憂民而罹患一種精神憂鬱症，看了許多醫生，都未能見效。

有一次，他奉旨下鄉訪察民間疾苦，走到半途忽然發了病，地方官員得知後，隨即推薦一位當地有名的老醫生為他治病。

醫生帶著藥箱前來，慢條斯理診脈之後，搖頭晃腦地說：「嗯，大人您患了月經失調症。」

御史一聽，頓時大笑，認為這個醫生老糊塗了。以後，他每想起這件事，就要大笑一陣，過了不久，他的病竟然自己好了。

過了幾年，御史又經過該地，想起那次診斷之事，特意前去找那位老醫生，想取笑一番，老醫生笑著說：「其實，大人您患的是精神憂鬱症，沒什麼良藥可治，只有心情愉快，才能恢復健康，所以我故意說您患了『月經失調症』，讓您常常發笑，看看對病情有沒有什麼幫助。」

○要處理事情，先處理心情

有事沒事多笑笑，只有好處，沒有壞處。放寬心情，我們將會發現很多問題其實沒有想像中的嚴重。過度鑽牛角尖，只會讓自己的路愈走愈窄，最後寸步難行，生活如何能不被陰影籠罩呢？

戴著黑眼鏡過日子，什麼事都灰灰暗暗的，心情當然振奮不起來。

故事中的那位老醫生，高明之處就在於他看出了御史病情的癥結所在；當御史因開懷大笑而將愁緒沖淡，入眼的事物也變得圓滿，憂鬱症自然不藥而癒。

漫漫人生之中，職場生涯可說是一個人壓力的主要來源之一，面對工作上的種種挑戰和人際之間的紛擾糾葛，如果不能適度地自我調適，很容易就會陷入情緒低落的迷宮之中，無法自拔。做事提不起勁，想得到什麼成就，可以說如同緣木求魚。

一般來說，在職場上用ＩＱ做事的人往往比用ＥＱ來得多，但眞正爬上金字塔頂端的人，往往是情緒管理與工作ＥＱ一流，能夠不斷地自我調適，即使壓力再大，永遠是談笑風生，冷靜自若。

學習去接受環境不可能盡如人意的事實，控制自己的情緒，進而管理他人的情緒；多微笑、常忍耐，一離開工作環境，就暫時先將工作上的所有事物拋開，聽聽音樂、悠閒散步、睡個好覺、看部電影，然後大聲狂笑或放聲大哭……，適度將整個心放空，壓力也就會漸漸隨風飄散。

壓力不淤積，憂鬱自然不上門，生活也就會變得快樂光明多了。

擔心怎麼走，不如思考怎麼活

如果一個人在世的時候，曾經認真活過，對得起自己、對得起別人，那麼就算過程儀式簡單，也享有生與死的尊嚴。

生老病死，是人生必然要遭遇，也必然要面對的事情。對華人來說，「生事」與「死事」都是大事，是不能隨隨便便的，但是，聽說過有人光是治喪就花了幾百萬甚至上千萬，想來實在讓人不解，因為再奢華的喪禮儀式、再廣大堂皇的墓地，對往生者來說，眞的有任何幫助嗎？還是只是為了在世者的面子問題？

最近生前契約很流行，業者訴求的是生死大事交由自己來決定，所以簽約者可以在生前就立下契約，約定自己的身後事要怎麼安排，讓自己尊嚴地離開人世，同時減輕家人的負擔。

其實，這樣的形式在十八世紀就出現過了。

據說，英國大文豪約翰遜生前曾在西敏寺爲自己選了一塊墳地，打算作爲死後的最後歸宿。

但在當時並沒有所謂契約的訂定，所以，等到約翰遜臨死之前，家人才發現那塊墓地早就被人佔據了，只剩下兩個墳墓中間還有一小塊間隙，大概可以立著放進一個人。

家裡的人只好無奈地把這個事實告訴了性命垂危的約翰遜，

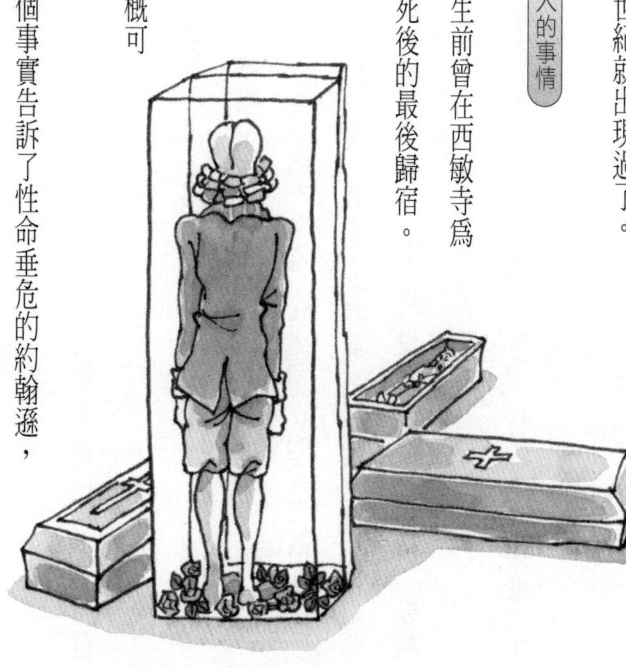

看看他到底希望怎麼來處理自己的身後事。

約翰遜不以爲意地說：「既然人可以站著生，那麼當然也可以站著死，就讓我站著死去吧！」

於是，他死後，人們就把他站著埋進了地下。

這麼說來，約翰遜可能是全世界唯一一位死了也屹立不倒的人。

一件小小的插曲，卻可以看出約翰遜爲人厚道、隨遇而安的人生觀。

別人佔都佔了，難道要鬧得天翻地覆，非要佔據墓地的墳即刻遷走不可？無論古今中外，要挖動墳墓可都不是等閒小事，所以這件事處理起來，一點都不容易。

約翰遜的做法，既化解了家人的難處，也成全了自己一貫的生活態度：生的價值勝過死後軀殼。

泰戈爾說：「讓生時美如夏花，死時紅如秋葉。」

一個人只有生而榮耀，死時才值得別人哀悼。試問，一個人如果在世的時候為富不仁，或者沒有做過什麼值得人尊敬的事，那麼就算他的身後事辦得轟轟烈烈又如何？有什麼意義呢？

反之，如果一個人在世的時候，曾經認眞活過，對得起自己、對得起別人，那麼就算過程儀式再簡單，他也享有生與死的尊嚴。

亞里斯多德說：「我之所以和平庸的人不同，是他們活著為了吃飯，而我吃飯是為了活著！」

所以，與其擔心自己怎麼「走」，不如認眞地思考怎麼「活」，讓自己活得更好，更有意義、有價值。

冷靜，才能隨機反應

冷靜下來，將整件事從頭到尾咀嚼一遍，預想幾個方案以應付不時之需，才不致於腦袋空空、不知所措。

考試的時候，再怎麼艱難的問題，只要經過充足的準備，大都能做出適當的答案。但是，面對臨場反應的考驗時，由於思考的時間不夠，大多數人就很容易就會犯下錯誤的判斷。

有人這麼說：「過於依賴經驗來判斷，會造成反應僵化，危機來臨時當然無法做出智慧的選擇。」

這是因爲，危機不一定是過往經驗中曾經出現過的，無法事先預防，只能看事辦事、隨機反應，不夠冷靜是做不到的。

在高速公路上發生了一起車禍，兩輛轎車互相擦撞，最後終於在路邊停了下來，所幸車主都沒有受傷。

雖然車主沒受傷，可是彼此受到的驚嚇卻不小，身體顫抖不已，也沒有力氣爭個誰是誰非了。兩人就這麼在路邊坐下來，互相交換名片，一位是徐律師，另外一位是林醫生。

徐律師由口袋裡掏出一小瓶酒來，對林醫生說：「來，壓壓驚！」

林醫生說了聲謝謝，拿起酒瓶咕嚕咕嚕灌了好幾口，才把酒還給徐律師。然而，徐

律師接過酒瓶後並沒喝，反而蓋上瓶蓋放到口袋裡。

林醫生見他沒喝酒，於是問他：「你不喝嗎？」

沒想到，徐律師馬上回答：「要啊！但是要等警察來過以後再喝。」

我們可以想像，林醫生聽了這話，大概恨不得立刻把剛才喝下去的酒全給吐出來，因爲等警察來了，發現他滿嘴的酒味，怕是跳到黃河也洗不清了吧！

◎要處理事情，先處理心情

徐律師使用心理戰術解決車禍問題，顯然勝之不武，但大體上來說，醫師對於法律問題方面的反應，當然是比不上律師。

很明顯的，這起事件和之後的處理方式並不在醫生熟悉的經驗範圍之內，所以，一時不察便著了律師的道了。

喝酒不開車，開車不喝酒，是大家都知道的事，那個醫生也一定知道，但是因爲事發突然，就失去了原本的敏感度。

我們不可能期望自己對於所有的事情都瞭若指掌，但是我們卻可以給自己一點時間冷靜下來，將整件事從頭到尾咀嚼一遍，預想幾個方案以應付不時之需，唯有這樣子，不論接下來事情怎麼發展，才不致於腦袋空空、不知所措。

更進一步的，我們還可以像故事中那名律師一般主動出擊，運用機智先確保自己站穩有利位置。

高手過招強調的是先發制人，在走第一步棋的時候，已想到後十步棋的可能，等對手應一步棋，則想到其後數十步。主動出擊，可以讓自己保持先發主導的地位，而不是只能針對事情做出反應，相對的，還能趁對手反應的時候，有更充足的時間來思索最佳的回應方法。讓自己保持冷靜，那麼無論臨場如何變化，我們都能夠快速且正確地隨機反應。

把好話說得盡善盡美

不直接點破，加上適度的渲染，就能成功地營造氣氛，「想像裡蘊藏著感覺，而判斷裡又蘊藏著想像」就是說好話的最高境界！

希臘哲學家亞里斯多德曾說：「語言的生動性，是來自使用比擬的隱喻和描繪的能力，運用一種表現方法，把事物在行動的狀態中表現出來，就能『使他們看到事物』。」

所謂「良言一句三冬暖，惡言一句六月寒」，一句話說得好，當然會讓聽話的人心生歡喜。

同樣一句話，因爲文字的排列組合不同，就能讓人有不同的感受；其實一句話說得好不好，關鍵就在於有沒有經過適當的辭藻潤飾。

用幽默的心情面對惱人的事情

在西方，作家一旦談起詩的妙用時，總喜歡講這樣一個故事。

在一個寒冷的冬天裡，紐約市的一條繁華大街上，坐著一個雙目失明的乞丐。那名乞丐的脖子上掛著一塊牌子，上面寫著：「自幼失明」。

有一天，一個詩人走近他身旁，他一察覺便向詩人乞討。

詩人嘆口氣說：「我也很窮，不過，我可以給你點別的。」說完，他隨手在乞丐的牌子上寫了一句話。

那一天，乞丐得到很多人的同情和施捨。

後來，他又碰到那詩人，很奇怪地問：「你給我寫了什麼呢？」

詩人笑了笑，唸出牌子上他所寫的句子道：「春天就要來了，可是我卻不能見到它。」

這就是文字的力量，有人說詩是最精練的語言，因爲詩能運用最簡短的文字，傳達出最鮮明的映象，直接地命中人們的心靈。

法國作家巴爾札克說：「文學是事實與靈魂相契合後的再現。」又說：「文學的真實在於選取事實與性格，並且把它們這樣描繪出來，使每個人看了以後，都認為是事實。」

這就是詩人送給乞丐的珍貴禮物，他把乞丐的處境生動地用一句話描繪出來，讓路過的每一個人都因爲感同身受，對乞丐生出更多的同情，而在同情之餘不吝加以施捨。

「自幼失明」是陳述事實，但是感覺上隔得很遠，因爲那是別人的事；而

「春天就要來了，可是我卻不能見到它」，卻讓每一個感受過春天美好的人，從心中體會看不見春天的痛苦與遺憾。

不直接點破，加上適度的渲染，就能成功地營造感染別人的氣氛，所謂「想像裡蘊藏著感覺，而判斷裡又蘊藏著想像」，應該就是說好話的最高境界吧！

多讀幾本好書，把別人話語詞句中的精華，悄悄地佔爲己有，那麼總有一天，我們一定能做到像羅馬詩人賀拉斯所說：「如果你安排得巧妙，家喻戶曉的字便會取得新義，表達就能盡善盡美。」

3

PART

説話得體，才能無往不利

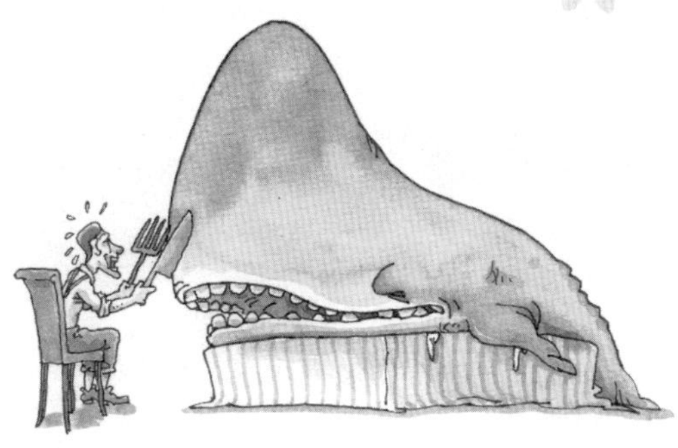

懂得適時適地説好話，
才能得到預期的效果，
也才能運用話語的力量，
在人與人之間製造出減少磨擦的潤滑劑。

活用機智，就能找到出路

遇到困難時要活用自己的機智，與其預先去想種種不可能，一步也踏不出去，還不如花點心思分析多種可能性。

孟子曾經藉魚與熊掌比喻兩者都是自己所需，但是必須有所取捨時，即便左右為難，也要做出抉擇。

當然，不管選了哪一個，人終究還是會後悔地想著，當初如果選另一個，結果會不會有所改變。

只是，人生並非處處都是是非題，有時轉換一下想法，想要「魚與熊掌兼得」，似乎也不是不可能的事。

著名文學家沈從文的表侄黃永玉，是一位知名的大畫家。

某天，有人問他爲何可以一手寫妙文章，一手畫好山水，如此一心二用不怕兩者皆空嗎？

他沒有直接回答，而是說了這麼一個小故事。

甲乙兩名信徒都酷愛吸煙，甲問神父：「我祈禱時可以吸煙嗎？」

神父立刻大聲斥責說：「那怎麼行！」

接著，乙問神父：「我走路時想著上帝，吃飯時想著上帝，如果吸煙時也想著上帝，可不可以？」

神父說：「當然可以。」

這個故事聽起來雖然有點詭辯、賣弄文字遊戲的感覺，但是事

情的確不是只有一種處理方法。規定是死的，人是活的，靈活變通便可以更圓融地面對人生的種種問題。

甲信徒將問題的重點放在吸煙上，至於乙信徒則將焦點鎖定在「心中有上帝」，當然神父所給的答案天差地別。

這當然是一則邏輯上的笑話，但是也可看出立場不同，觀照的重點不同，往往會造成不同的行動與想法。

所以，如果一直想著選了魚就不能選熊掌，或是選了熊掌便會失去魚，那麼這兩者的確沒有辦法全部擁有。然而，若是以既要魚又要熊掌的角度出發去設想，說不定就能找出兩者兼得的好方法。

黃永玉以這個故事妙答別人對他的疑問，說明作畫與寫文章，其實並不互相牴觸，可以同時進行。

當然，人是沒辦法一邊寫文章一邊作畫，又不是金庸筆下人物小龍女，可以左手畫圓右手畫方，雙管齊下；可是，卻可以在寫文章的時候心中織構美麗的畫面，而在繪製山水時創造詩意的詞句，兩者並不相違背。

現實生活也是如此，遇到困難時要活用自己的機智。與其預先去設想種種不可能，一步也踏不出去，還不如花點心思分析各種可能性，畢竟條條大路通羅馬，很多小路也可以通抵羅馬，只要想走一定走得到。

就算山窮水盡，自己炸開一條路也是一種辦法，只要多運用創造性的思考，前景必然會有柳暗花明的驚喜。

用機智化解彼此的爭執

夫妻之間，應該要維持對等的態度，外在的身分地位，最好不要帶進兩人的生活裡，更切記別帶回房裡。

儘管有人鎮日想著如何攀龍附鳳，看看是不是能夠少奮鬥個二、三十年，坐享婚姻關係所帶來的好處，不過，大部分人還是由衷希望自己能夠覓得一位完美的終生伴侶。

但是，就算神仙眷屬，也需要面對日常生活中的種種煩惱，也和平凡夫妻一樣有他們各自的家庭問題需要去解決。

每個人都是不同的個體，人與人之間永遠不可能相同，彼此之間只要有了

比較，就有了差異，就有了高低。平心而論，有誰願意永遠被壓得死死的？積怨久了，就很容易發生爭執。

這樣的關係如果出現在親密的夫妻之間，往往就成了家庭爭執的主要導火線，倘若夫妻二人不能冷靜下來彼此協調，修正彼此的態度，想要「床頭吵，床尾和」可就不那麼容易了。

身為大不列顛帝國最高領袖的維多利亞女王，在身分和地位上當然比起自己的夫婿高出許多。

但即便是皇室婚姻，本質也是由一男一女組成的平凡夫妻，平常人會遇

到的家庭問題，他們也同樣會有，而且更易產生衝擊。因此，女王與妻子、丈夫與臣下，雙重的身分使得他們夫妻間的關係變得複雜多了。

有一次，維多利亞女王因爲細故與丈夫吵了架，丈夫一怒之下獨自回到臥室，閉門不出。

等女王打算回臥室時，卻不得其門而入，只好敲門。

丈夫在裡邊問：「誰？」

維多利亞傲然回答：「女王。」

沒想到裡面既不開門，也無聲息，她只好再次敲門。

裡頭又問：「誰？」

「維多利亞。」女王回答。

還是沒有動靜，女王只得再次敲門。

裡頭再問：「誰？」

女王學乖了，柔聲回答：「你的妻子。」

這一次，門終於打開了。

只要是夫妻，一定會有吵架的情況發生，當彼此的意見相左之時也難免會發生一些爭執。

維多利亞女王萬人之上，又豈可能屈居於一人之下，即使那人是自己的丈夫，端久了的架子，當然很難放得下來，對丈夫頤氣指使的情況一定在所難免，吵架的時候八成也會佔上風；於是，身爲女王的夫婿就必須在「男子漢」和「軟腳蝦」之間做出選擇。

維多利亞女王的夫婿做法冷靜多了，在當下與外人之前不吵，目的就在於尊重對方的身分地位，但是心中的怒氣可還是得找個管道來宣洩，我不開門總可以吧！想進門就先放下女王的身段再說。

既然要共同生活，就應該了解彼此的尺度與限度，如果單方面長久忍耐，最後勢必導致悲劇收場。

夫妻之間，應該要維持對等的態度，互信互賴、相互尊重才對，外在的身分地位，或是社會上的形象，最好不要帶進兩人的生活裡，更切記別帶回房裡。

更重要的是，要懂得用機智幽默化解彼此的爭執衝突。夫妻的情分可是修了一百年才得到的，當然要一起走得長長久久，相互扶持，相互照顧。

在這個養兒難防老的時代，如果能有個相知相惜的老伴相陪，可以說是再幸福不過的事了。

心境決定環境，氣度決定一個人的高度，如果你對眼前的人事物感到厭倦，不妨靜下心來用寬闊的心胸加以看待，如此一來，你便會從生活和工作中，看到開闊的前景，找到屬於自己的快樂。

別被馬屁薰昏了頭

在享受恭維的同時，可別被薰得陶陶然，飄飄欲仙而忘了自己是誰，畢竟會拍馬屁的人，都是為了某種目的而來。

即使時代變遷，世事紛迭，馬屁文化仍舊歷久不歇。

為了達成自己的目的，說句好聽的話吹捧吹捧對方，對自己沒什麼壞處，說不定能得到更多的好處，畢竟誰都愛聽甜言蜜語。

只是，當馬屁迎面而來的時候，你能夠把持住自己的立場和行事風格，不被薰昏了頭嗎？

防範馬屁的第一守則，就是要保持鎮定，不要幼稚得別人家才說了幾句好聽的話，就高興得飛上天。

用幽默的心情面對惱人的事情

在第二次世界大戰中，邱吉爾對於保衛英倫三島不受德軍侵犯，有卓越的功勳，也深受民眾景仰。

戰後，他退下首相之位，當時，英國國會原擬通過提案，爲他塑造一尊銅像，置立於公園內，讓眾瞻仰致意。

一般人均將此視爲殊榮，高興還來不及，怎麼可能推辭？

但是，邱吉爾卻笑著回絕。

他對國會議員們說：「多謝大家的好意，不過，我怕鳥兒喜歡在我的銅像

上拉屎，還是請免了吧。」

這就是邱吉爾的幽默，在玩笑之中婉拒了一群馬屁精的提議。

本來嘛，建座塑像有什麼實質的作用呢？

還不如將這些預算用在更有意義的事情上，比方設立為戰後重建基金，所能受惠的人不是更多呢？

要處理事情，先處理心情

身分地位愈高的人，被拍馬屁的機會就愈高，而且拍來的馬屁也愈高明，但是，在享受恭維的同時，可別被薰得陶陶然，飄飄欲仙而忘了自己是誰，畢竟會拍馬屁的人，都是為了某種目的而來，是不是眞心的恭維可就不得而知了。

雖然說要不要答應他們的要求，或是欠他們人情，選擇權是握在自己手上，但是對方可不會輕易地放棄呢！

要是遇到手段拙劣的馬屁精，拍得膚淺又沒拍到應拍的部位，那可就不是那麼令人愉悅的事了。

有的身居高位的人馬屁被拍多了，難免會對自己的周遭產生懷疑，懷疑別人對自己的好是否都有不良意圖，疑神疑鬼之餘，反而有了許多無形的精神壓力，這又何苦來哉呢？

如果別人虛情假意的恭維，讓自己感到不舒服，那麼就虛應一番，轉移對方的注意力，聰明的人一聽就明白，也就不會再窮追猛打。

至於少根筋的馬屁精，必要時就得嚴正地婉拒，讓對方明白自己的立場，才是釜底抽薪的最佳解決方案。

說話得體，才能無往不利

懂得適時適地說好話，才能得到預期的效果，也才能運用話語的力量，在人與人之間製造出減少摩擦的潤滑劑。

黎巴嫩詩人紀伯倫曾經這麼說：「幽默感就是分寸。」又說：「風趣往往是一副面具。你如能把它扯下來，你將發現一個被激惱了的才智，或是在變著戲法的聰明。」

幽默的話語可以怡情養性，也可以增添生活情趣。

不過，說話可是一門大藝術，話說得得體、說得漂亮，可以事半功倍，相得益彰，爲整體表現加分。

相對的，一旦話說得不好，則反而會招來反效果，不如不說。

○用幽默的心情面對惱人的事情

大作家馬克·吐溫曾經收到一位文藝青年的來信。這位年輕人初學寫作，除了在信中對馬克·吐溫表達欣羨、敬仰之意，還提出了一個問題請教馬克·吐溫。

「聽說魚骨裡含有大量有助於補腦的成分——磷質，那麼要成爲一個舉世聞名的大作家，就必須吃很多的魚才行吧？不知您覺得這種說法是否符合實際？」

接著，他又問道：「您是否也吃了很多的魚，吃的又是哪一種魚呢？」

馬克·吐溫讀完這封令人哭笑不得的信，只簡單地回覆幾個字：「看來，你恐怕得吃下一隻鯨魚才行。」

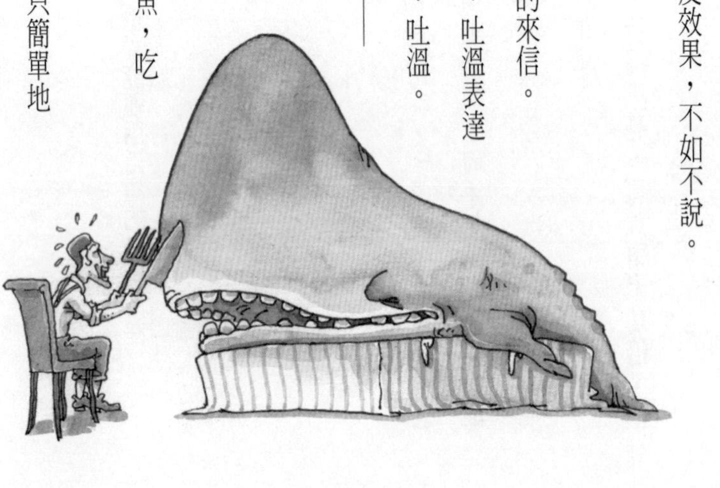

如果這位讀者根本不是馬克．吐溫的書迷，而是要寫信來吐槽的，那就另當別論，不然，原本一封向自己喜歡的作家表達敬意的書信，最後卻落得作家冷冷回應，心中必定感到錯愕。

但仔細想想，爲什麼馬克．吐溫讀了信，卻一點也不覺得高興，反而覺得有必要回信諷刺一番呢？

問題就出在那位讀者膚淺幼稚、用詞不當，縱使說者無心，但聽在聽者耳中，卻完全不是那麼一回事，誤會很難不產生。

特別是馬克．吐溫對於來信者又不熟識，當然沒有辦法考量對方是否沒有惡意。在不悅之餘，還能以幽默的態度來回敬，已經算是好修養了。

懂得適時適地說正確好話，才能得到預期的效果，也才能運用話語的力量，在人與人之間製造出減少摩擦的潤滑劑，處事圓融、說話得體、態度眞誠，人際關係便能無往不利。

卑微，也是一種成功的手段

溝通的模式有千百種，唯有靈活運用智慧，看準時機，善用方法，才能胸有成竹地完成任務。

挺拔的大樹和柔韌的小草比較起來，的確是大樹威嚴強勢多了，但一旦颶風襲來，大樹卻往往難逃摧折的命運，反倒是看來柔弱不堪的小草，順風匍匐，得以保全了自己。

其實，現實的人生也是如此，強者不一定每次都能夠順利成功，硬碰硬的結果，很可能是兩敗俱亡，對誰都沒好處。卑微，在必要的時候，其實也可以是一種成功的手段。

愛因斯坦以提出相對論的理論而名聲大噪，但生活仍一如平日般樸實的他最討厭出風頭，面對接連不斷的作家採訪或畫家繪像的要求，他一概予以拒絕。

但是有一次，他卻改變了態度。

那一天，一位畫家前來請求為他繪製畫像。愛因斯坦照例以一貫的態度快速地回絕道：「不，不，我沒有時間。」

「但是，不瞞您說，我非常需要畫這幅畫所得的錢啊。」畫家表情懇切地拜託說。

「喔，那就是另外一回事了，」愛因斯坦改變了態度：「我現在就可以坐下來讓您畫像。」

愛因斯坦是一位極重原則與個人隱私的學者與科學家，他生性淡泊、不喜熱鬧、討厭記者，以及絕不多話的特色，幾乎和他對於科學的執著鑽研態度齊名。

但是，這名畫家卻能突破他的心防，使得愛因斯坦改變初衷，坐下來讓他爲他畫肖像——原本他極爲厭惡的事。

因爲，這位畫家掌握了愛因斯坦心慈的一面，善用了自己弱者的形象，於是輕鬆地達到目的。

○要處理事情，先處理心情

每個人自然而然地會對比自己弱小的對象放下心防，或許伸出援手，或許緩下毒手，因爲狠不下心。

因爲，有弱者的存在，才能突顯強者。

這個世界不可能人人永遠都當強者，所以，有時候示弱並不算丟臉，而是一種高明的心理戰術。

吹捧有兩種方式，一種是哄抬別人，一種是壓低自己的姿態，後者就是善用弱者的形象，是爲了達到目的的手段。

溝通的模式有千百種，唯有靈活運用智慧，看準時機，善用方法，才能胸有成竹地完成任務。

成功的人，往往懂得控制自己的心境；失敗的人，則容易困在負面情緒裡作繭自縛。面對不如己意的事情，最重要的其實是先處理好自己的心情，這將決定你最後是化阻力爲助力，舉步向前邁進，抑或就此敗在惡劣的心情之下。

善用金錢而不為金錢所利用

把金錢用在最有價值之處，讓金錢成為成功的助力，而不是淪落為金錢的奴隸，沉溺於苦海之中難以脫身。

對於物質生活的需求，主宰了我們絕大部分的行動。爲了幫助自己與家人存活，我們必須耗費勞力、心力等代價來換取物質上的滿足。所以，金錢概念儼然成爲每一個人的生活重心。

在金錢的壓力之下，我們的所作所爲早已失去自由，因爲當我們要做某個決定時，金錢永遠會是第一個考量。

然而，我們還是可以不要成爲金錢的奴隸，只要眞正認清金錢的意義，只要求基本的物質需求獲得滿足，或許我們就能將金錢在生活中所佔的比重減輕。可惜，弔詭的是，對許多人來說，物質需求似乎永遠沒有滿足的一天，也因此，對於金錢的需求始終桎梏著許多人。

英國著名的格林威治天文台，以全球時間的基準點而聞名。

自十五世紀新航路發現後，經緯度的概念成爲航海的新重心。一六七五年，英格蘭國王查爾斯二世下令在格林威治設置一個天文台，希望能藉由對星象的研究找出各地的經度，以精進航海術。

後來，世界各國的往來益發頻繁，加上各國使用的時間標準不同，引發了不少問題，於是一八八四年

時，各國在美國華盛頓特區召開了國際經線大會，與會的二十五個國家均同意將本初子午線設置於倫敦的格林威治，從此格林威治便成為東西經零度的地方。

格林威治原本只是倫敦城外的一個小小村落，經過這次國際會議搖身一變，成了世界知名的場所。

有一次，英國安娜女王前來參觀格林威治天文台，台長詹姆斯．布拉德萊負責接待。他除了一路仔細導覽之外，也耐心回答女王所提出的每一個問題。

參觀結束後，當安娜女王得知布拉德萊的薪水非常微薄時，感到非常驚訝，頻頻表示要提高他的薪資。可是，布拉德萊聽了卻連忙懇求她千萬別這麼做。

女王對於他的請求感到很詫異，想不到還有人不要錢的。

布拉德萊回答說：「如果這個職位可以帶來大量的收入，那麼我擔心以後到這個職位上來的人，將不再是天文學家了。」

布拉德萊這一段看似幽默實則睿智的話，點出了許多人對工作和金錢的盲

點。有些人在選擇工作時，在乎的是個人能力能否發揮與表現，但是，也有人是以金錢爲導向。不管哪一種做法，其實都沒有對錯，因爲關鍵在於每個人對工作成就感的判斷標準爲何。

如果，你認爲只有錢才能令你滿足，當你工作的時候，你所在乎的就是報酬的多寡，至於工作的內容與價值，則多半不在評斷的範圍內。也就是說，你可能會花費絕大部分的時間，去從事你不甚喜歡的工作，只要它能夠爲你帶來足夠的金錢報酬就好。

也或許，你對於工作的期望在於自我能力的實現，那麼你將會追求每一樣工作的回饋，你在乎的是能否從事喜歡的工作、是否對工作環境滿意，因而即使工作報酬不高，你仍能甘之如飴。

布拉德萊擔心的是，一旦天文台台長的職位成爲一個高薪利多的位置，未來希望爭取這個職位的人，以及獲得這個職位的人，將不再是只有對天文學有興趣的人。畢竟，有許多人願意爲了金錢而捨棄自己的興趣。這樣的結果，對天文台的研究工作而言，自然是弊多於利了。

「人盡其才，物盡其用」是管理經營的一大原則，把合適的人放置到適當的位置，就能夠達到最大的經濟效益。同理，在研究的領域中，興趣與熱情往往是執著於鑽研學問的最大動力，一旦失去熱情，或是迷失了方向，該研究的未來也多半會受到影響。

在金錢之前能夠把持住自己的人並不多見，在理想之前能夠不爲金錢迷惑的人也不多見。雖然，我們並不需要假道學地排拒金錢所帶來的物質享受，卻不必要爲了物質享受而被金錢奴役。

要想獲得清明的心，就該期許自己成爲一個善於運用金錢的人，把金錢運用在最有價值之處，讓金錢成爲成功的助力，而不是淪落爲金錢的奴隸，沉溺於苦海之中難以脫身。

天賦與努力都是成功的關鍵

找尋出自己的天才之處。結合了努力與天賦，成功就絕不是攀登不了的空中樓閣了。

很多人支持「後天決定論」，認為許多先天所缺乏的部分，都可以經由後天的努力予以補足。

當然，我們能從種種例證當中，體認到「勤能補拙」的重要性，但還是不可否認，如果一個人真的天生就不具備某種資質，但卻硬要在這一個領域裡登峰造極，那實在是困難重重，甚至有些緣木求魚。

我們相信，天資不能決定一切，然而，天賦卻主宰了結果的可能性。

據說，愛因斯坦在成名之後，他的次子愛德華曾問過他這麼一個問題。

愛德華問：「爸爸，你到底爲什麼會變成名人呢？」

愛因斯坦聽了之後，先是一陣哈哈大笑，在神色收斂後，才意味深長地說：「你瞧，這隻甲蟲在球上爬著，牠不明白自己所走的路是彎的，可是我卻能明白。」

或許有人會說愛因斯坦的回答過於狂妄，但不可否認的是，愛因斯坦的研究在當時確實令許多人望塵莫及。

他的學說理論，對於當時的物理界是一項空前的大挑戰，就算直到今日，仍有許多人蒙受其惠。

據說，在愛因斯坦死後，他的大腦被某一個研究機構保存下來，因爲他們想要了解爲什麼這個人可以想出這麼多新奇的想法。由此可見，人們非常好奇愛因斯坦的大腦結構是否有別於一般常人。從這一點看來，我們大概也能體會到愛因斯坦所言不虛了。

從古至今，有許多研究者投入物理學界，也有非常多人是花費了一輩子的心血在做研究，但是，能夠像愛因斯坦一樣享有聲譽的人卻不是很多。

因爲，愛因斯坦的想法或作爲確實都超出了當代表現許多，他的研究幾乎推翻了人類原本對物理學的某種成見與偏見，也因此他才能成爲物理學發展史上一個重要的里程碑。

音樂家舒曼曾說：「人才進行工作，而天才進行創造。」

這句話聽來殘忍，但卻相當眞實。有些人付出了一切，仍舊未能獲得自己所期望的表現與成就；但有些人，卻像是老天爺天生賞飯吃一般，未見他們花費極大的努力就有所成就。

因此，當你發現自己在某個領域只能當個人才的時候，無須自傷，反思你靈光乍現的時刻，或許你就能找尋出自己的天才之處。如此結合了努力與天賦，成功就絕不是攀登不了的空中樓閣了。

嫉妒，只是否自己的價值

認清別人的成就並不等於對自己的否定；強化自己的自信心之後，進而肯定自我價值，找出屬於自己的成就。

英國有句俗諺：「嫉妒給失敗者爛泥巴，好用來扔擲成功的人。」意思是說，失敗者往往因爲嫉妒使然，因而惡意破壞成功者的名聲。這個世界就是這麼無聊，大家都想成功，都想得到別人的尊敬，卻忘記如果每個人都成功，那麼那件事也沒什麼了不起了。

嫉妒，沒錯，就是這個可悲的心態，讓我們不肯去接受別人可能勝過自己的事實，變成一個內心糾結、面容醜惡的小人。

幽默作家馬克．吐溫說：「想出新辦法的人在他的辦法沒有成功以前，人家總說他是異想天開。」

這種「見不得別人好」的嫉妒心理與惡意批評的現象，大航海家哥倫布應該感受得很深刻。

據說，哥倫布發現美洲回到西班牙後，女王特地為他擺宴慶功。酒席上，許多王公大臣、名流紳士都瞧不起沒有爵位的哥倫布，而且基於嫉妒心理紛紛出言相諷。

「沒什麼了不起，換成我出去航海，一樣會發現新大陸。」

「駕駛帆船，只要朝一個方向航行，就會有重大發現！」

「太容易了！女王不應給他這樣高的獎賞。」

這時，哥倫布從桌上拿起一個雞蛋，笑著問大家：「各位令人尊敬的先生，你們有哪位能把這個雞蛋立起來？」

於是，那些充滿嫉妒而又自以爲能力超群的人物，紛紛開始立那個雞蛋，但左立右上，站著立坐著立，想盡了辦法，也立不住橢圓形的雞蛋。

「哼！我們立不起來，你也一定立不起來！」大家紛紛把看好戲的目光盯向哥倫布。

只見哥倫布不慌不忙地拿起雞蛋，「砰」的一聲往桌上磕了一下，蛋頭破了，雞蛋牢牢地立在桌子上。

衆人一看，騷動了起來，紛紛嚷道：「這誰不會呀！這太簡單了！」

哥倫布微笑著說道：「是的，這很簡單，但是，在這之前，你們爲什麼想不到呢？」

哥倫布一語道破這些人又妒又羨的難堪心情，但他絲毫不同情，因爲他知道，與其浪費時間嫉妒別人，還不如好好想想自己能做些什麼。

法國作家巴爾札克說：「嫉妒者受的痛苦比任何人遭受的痛苦更大，他自己的不幸和別人的幸福都使他痛苦萬分。」

如果，我們將嫉妒的心情轉化成激勵自己的動力，那麼我們或許將會在下次自己成功時，親身體驗到遭人嫉妒的感受。

根據心理學家的研究，想要克服嫉妒心理，首先，要先心理建設，認清別人的成就並不等於對自己的否定；強化自己的自信心之後，進而肯定自我價值，找出屬於自己的成就。

如此的心態轉移，就能減輕我們內心對他人的妒羨，把生活焦點放回自己身上，我們將會認同改造提升自己並不等於矮化他人。

認識自己、了解自己，可以讓我們明白：「我與他人是不同的個體，我有屬於自我的獨特性」，那麼嫉妒的心情就能漸漸淡去了。

4

PART

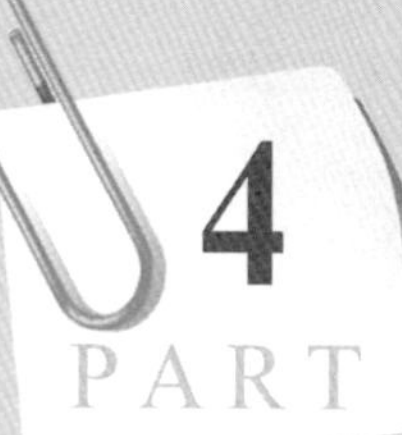

拐彎抹角有什麼不好？

以幽默的方式，不直接面對問題，
而採取拐彎抹角的手段，
可以消弭彼此針鋒相對的尖銳感，
當然，也可以更圓滿地解決問題。

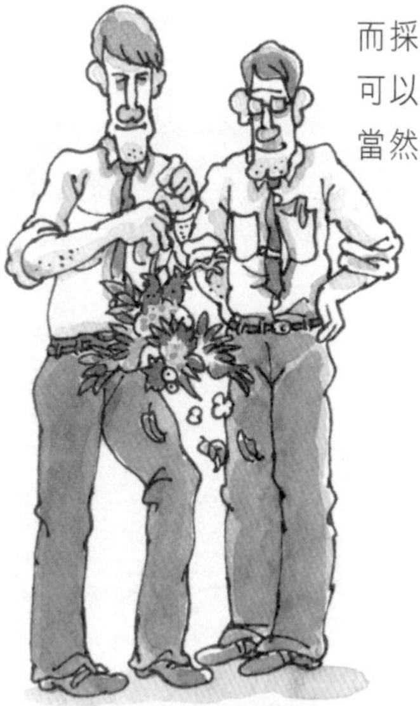

激將法也是致勝的籌碼

冷靜自若，讓自己成為一個懂得激將卻不易受激的人，在短兵交接的時刻，無疑多了幾分致勝籌碼。

有求於人的時候，有兩種方法，一種是捧著好處放低身段地請將，另一種則是拉高姿態惡意激將。

雖然不是每個人都適用，但有時候激將法運用得好的話，往往能夠達到四兩撥千斤的效果。

義大利著名音樂家朱塞佩．威爾第以《阿依達》等歌劇聲名風靡世界。一天，他乘坐的那列火車停靠在一個小城市的車站，而這個車站的站長就是一個極其崇拜威爾第的人。

因此，當站長發現偶像威爾第近在眼前，便想趁此機會與這位難以接近的音樂大師說說話，並想如果能得到他的親筆題名就再好不過了。

於是，這名站長想出了一個「歪點子」。

突然，威爾第乘坐的火車車門大開，站長走了進來，表示要對每一位乘客查票。威爾第把票遞給了他，站長查完票後，故作負責的樣子，開始發問：「這個車廂比較髒，您不覺得討厭嗎？」

「我並不覺得髒啊。」威爾第不置可否地說。

「就算這樣，您也不該把腳踩在

對面的座位上呀！一個有教養的人絕不應該這麼做。」站長擺明了找麻煩。

「你把我看作沒有教養的人了？」威爾第聲音高了起來。

「對，正是這樣。」

「哼！這簡直太過分了！我要投訴，請把您的意見本拿來！」威爾第這下子真的被惹火了。

站長馬上跑出去把自己預先準備好的簽名簿拿了回來。威爾第一拿到本子就立刻振筆疾書，在上頭寫滿了自己的意見。

這時站長覺得「陰謀」得逞，馬上講明了自己的「騙局」，並請求這位音樂大師寬宏原諒，威爾第聽了後還是樂呵呵地簽上了自己的名字。

像這個車站長利用刻意激怒對方，以達成自己目的的方法，就是運用了激將法。當然，車站長也可以一開始就表明自己的想法，請求威爾第幫他簽名，但是威爾第很可能爲了不引起衆人的注意或嫌麻煩，不肯簽或是乾脆不承認自

己是威爾第，那麼車站長也拿他沒辦法。

沉不住氣的人，特別容易受激，有些事一怒而成，但是很多時候，受激者往往不能冷靜的判斷是非，造成憾事。歷史上，很多戰爭原本有利的一方，就是因爲中了對方的激將法而貿然出兵，使得局勢整個逆轉。

只不過，激將法的使用也要因人而異，有些人就是沉穩有修養到讓你激不了，也是沒轍。像東晉偏安江南，淝水之戰攸關政權存亡，宰相謝安卻若無其事地與朋友下棋時，後來得知姪兒謝玄力克敵人，獲得勝利，也同樣喜不形於色，依然冷靜下棋。

而三國時代，諸葛亮能冷靜地以空城計騙過司馬懿的十萬大軍不戰而退，又能一言激得孫權同意出兵對抗曹操，稱得上是一名深諳情緒智慧的人，能將這招激將法使得游刃有餘，進退從容，他能有這樣的智謀，就是充分地掌握了人性的種種弱點。

冷靜自若，讓自己成爲一個懂得激將卻不易受激的人，在短兵交接的時刻，無疑多了幾分致勝籌碼。

含糊其辭也是一種說話藝術

善用說話的藝術，選擇最好的答案，既能維持周遭的互動氣氛良好，又能成功達到自己的目的，豈不是兩全其美？

在與人交往的過程中，有些狀況需要我們表態，卻很難三言兩語說清自己的意思，因爲不論說眞話還是說假話，都容易得罪人，都很爲難。

宋朝著名政治家也是文學家王安石的兒子王元澤，在很小的時候就能把這樣尷尬的狀況處理得相當圓融，値得我們多加學習。

有一次，王安石在家中設宴，王元澤也跟著家人出來向客人問好，有一個客人欺負他年幼，故意把一頭獐和一頭鹿放一個籠子裡，問王元澤哪一頭是獐，哪一頭是鹿。

王元澤不多想就回答說：「獐旁邊的那頭是鹿，鹿旁邊的那頭是獐。」

旁觀眾人不禁喝采，稱讚他答得妙，而那名客人聽了這個不是答案的答案，反而說不出話來。

正確的答案當然是明白地說出獐和鹿外表的不同，但是年幼的王元澤可能根本就不知何謂獐，何謂鹿，這名客人刁難的成分相當明顯。

結果，王元澤含糊其辭的運用了邏輯上「非此即彼，非彼即此」的推理方法，不確切地指明哪頭是獐、哪頭是鹿，反而說獐的旁邊是鹿，鹿的旁邊是獐；也就是說眼前兩隻動物，不是獐就是鹿，反之亦然。

邏輯的道理再簡單不過，但妙就妙在這個「含糊其辭」的答案上，怎麼說都對，又不得罪人，著實妙答。王元澤小小年紀，就能如此機智過人，不得不令衆人嘖嘖稱奇。

要處理事情，先處理心情

我們不可能期望擁有一個毫無問題、極其順遂的人生，然而，只要有問題，就會有答案，卻沒有正確的答案，只要你能自圓其說，就是好答案。

所以，我們不妨學學運用王元澤的機智，在左右爲難的時候，乾脆含糊其辭，以求左右逢源之效。

所謂山不轉路轉，路不轉人轉，有人解釋說：「我們的方向不變，只是改走一條適合自己的路。」

多發揮自己的機智，善用說話的藝術，我們解決問題的目標不變，但是我們可以選擇最好的答案，既能維持周遭的互動氣氛良好，又能成功達到自己的目的，豈不是兩全其美？

善意的謊言，不說不行

真相當然只有一個，但是有時善意的謊言才是力挽狂瀾的良策。在錯誤的時機裡，「實話」可能反而是殺傷力強大的致命武器。

還記得一部電影嗎？電影中一張嘴能將死的說成活的律師，爲求官司順利說起謊來面不改色，最後因爲兒子許願要他一天不得說謊只能說眞話，結果引來一籮筐的麻煩，生活頓時天翻地覆。

當然，說謊不是一件好事，可是，有一些謊卻不說不行。

以「不愛江山愛美人」而聲名大噪的溫莎公爵，曾有過這麼一個鮮為人知的小故事。

有一次，英國王室於倫敦舉行晚宴，以期招待多位來自印度當地的貴賓，以期促進英印之間的友好關係，保障英國在印度當地的種種商業利益。

這場晚宴，安排交由當時還只是皇太子的溫莎公爵負責主持。

宴會中，達官貴人們觥籌交錯，賓客相談甚歡，氣氛頗為融洽。

可是，就在宴會快要結束時，侍者為每一位客人端來了洗手盤，來自印度客人們並不清楚洗手盤的作用，看著精巧的銀盤，盛著清徹晶亮的水，竟端起來一飲而盡。

這個舉動看得席間作陪的英國貴族們個個目瞪口呆，不知如何是好，一時間氣氛尷尬極了，大家只好紛紛把目光投向主持人。

只見溫莎公爵神色自若，同客人一般端起自己面前的洗手盤，一飲而盡，絲毫不以爲意，依然與客人談笑風生。

大家看了，楞了一下，隨即跟著紛紛倣效，本來可能會造成難堪與尷尬的危機，在溫莎公爵發揮機智之下，頃刻間化爲烏有，宴會維持了原本的和諧氣氛圓滿結束，也得到了預期的效果。

突如其來的危機，往往會讓人一時心慌而難以招架，如果不能沉著應對，事情砸鍋便成了最壞的結果。

英國人著重表面功夫，對於禮節更是吹毛求疵，印度人從來沒見識過英國皇室的餐桌禮儀，會出錯也是在所難免；只是當時若直接上前指正，不只客人覺得丟臉尷尬，主人也不見得掛得住面子，最後必定兩敗俱傷，不歡而散。

反觀溫莎公爵冷靜的作法，化危機為轉機，或許不合禮節，但此舉顧全了主賓彼此的顏面，熱絡了現場的氣氛，順利地達成預期的目的，可說是一次成功的社交模式。

眞相當然只有一個，但是有時候，善意的謊言卻可能才是力挽狂瀾的最佳良策。「說實話」確實是一種良好的品性，但是在錯誤的時機裡，「實話」可能反而是殺傷力強大的致命武器。

心機最好要得不著痕跡

一味的破口大罵，甚至出手動粗，並沒有辦法真正解決問題。最聰明的做法，就是不著痕跡地讓別人順從自己的想法。

《孫子兵法》上有云：「將欲取之，必先予之」，意思是說，爲了要達成某項目的，就必定得要先做些讓步才行。

溝通要順利，首先要懂得順著對方的心意，即使犧牲了自己的面子，也要想盡辦法佔盡裡子。

想讓別人照著自己的想法走，要先肯定對方，徹除他的心防與武裝，如此才能操控整個局面。

一名剛退休的老人，回到家鄉買下房子，打算在那兒安安靜靜地度過自己的晚年，利用這段人生最後的時間，寫本回憶錄作爲紀念。

剛開始的幾個星期，一切都好極了，安寧的環境對於老人的精神和寫作很有助益。可是，這樣的好日子並不長久，不知從哪一天開始，三個半大不小的男孩子每天放學後，就來到老人家附近玩耍，他們愛極了把幾只破垃圾桶踢來踢去，玩得不亦樂乎。

噪音嚴重干擾了老人的寧靜生活，最後他終於受不了，決定出去跟這幾個年輕人談判。

「小朋友，你們玩得眞開心，」

他說，「我很喜歡看你們踢桶玩，如果你們每天來玩的話，我每天給你們三個每人一塊錢。」

三個男孩子聽了高興極了，踢垃圾桶居然還有錢可以拿，於是更加起勁地表演他們的足下功夫。

過了三天，三個人又來踢垃圾桶，踢完了打算找老人要錢。但只見老人愁眉苦臉地說：「沒辦法，通貨膨脹使我的收入減少了一半，從明天起，我只能給你們五毛錢。」

這群年輕人聽了很不開心，但還是勉強答應每天下午來踢垃圾桶。

可是，一個星期後，老人又愁眉苦臉地對他們說：「最近都沒有收到養老金匯款，對不起，每天只能給兩毛了。」

三個人忍不住發作了。

「兩毛錢？」一個男孩子臉色發青，「你以爲我們會爲了這區區兩毛錢，浪費寶貴時間來爲你表演？告訴你，我們不幹了。」

從此以後，老人回到了原本安靜的日子。

對於自己不滿的事物，一味的破口大罵，甚至出手動粗，並沒有辦法眞正解決問題。如故事中的老人，若他只是大吼大叫，威脅這些男孩子，不許他們來踢垃圾桶，他們不見得會聽，說不定反而踢得更兇，讓老人日夜不得安寧，最後吃虧的還是老人。

老人只有兩個選擇，一個是忍受那些噪音，直到那些年輕人厭倦了爲止；另一個則是想個辦法讓他們主動放棄踢垃圾桶。

最聰明的做法，就是不著痕跡地讓別人順從自己的想法。

老人假意附和三個年輕人，掌握住他們想佔便宜的心態，先給他們吃足了甜頭，然後再慢慢剝他們的權益，無形中加速了他們感到厭煩的情緒，最後完全達到老人預期的目的。

想要前進一大步，就要先後退一小步；爲了獲得自己想要的，有時就得先捨棄一部分利益。不懂得忍耐克制，就很難飽嘗勝利的果實。

拐彎抹角有什麼不好？

以幽默的方式，不直接面對問題，而採取拐彎抹角的手段，可以消弭彼此針鋒相對的尖銳感，當然，也可以更圓滿地解決問題。

「以偏概全」是人性的一大弱點，人的想法和觀感一旦產生偏見，造成既定印象，就很難改變。

所以，如果你遭到誤解，除非自己眞的一點也不在乎，否則就得好好想個方法來讓事情「眞相大白」，爲自己「洗清冤屈」了。

有位養雞場的主人，向來討厭傳教士，因爲他覺得大多數傳教士嘴上講的是一套，實際做的又是一套。於是，這名養雞場主人，有事沒事就喜歡信口說說傳教士的壞話，到處散佈謠言。

一天，有兩個傳教士找上門來，向養雞場主人說想買隻雞。即使是自己討厭的傢伙，但生意上了門，總不好往外推吧！養雞場的主人於是忍著心中不快，帶著兩名傳教士來到雞場裡，讓他們自己去挑。

只見這兩名傳教士在偌大的養雞場中走來走去，挑了半天，卻抓來一隻毛掉得差不多，看起來病奄奄又相當難看的跛腳公雞。

主人心裡感到奇怪得很，不

禁問他們，爲什麼滿園子都是活蹦亂跳的雞，而他們偏偏挑上這隻。

其中一位傳教士聳聳肩回答：「我們是想把這隻雞買回去，養在修道院的院子裡，然後告訴大家，這是你的養雞場養出來的雞，順便爲你做做宣傳。」

主人一聽，心中不禁著急，連忙搖手：「不行！不行！你們看這養雞場裡的雞，哪一隻不是漂漂亮亮、肥肥壯壯的，就這一隻不知道怎麼搞的，一天到晚愛打架，才會弄成這副德行。你們拿牠來宣傳，大家會以爲我的雞全是這樣，那可不成！你們改挑別的雞吧！否則，這對我來說，實在太不公平了。」

另一位傳教士笑嘻嘻地說：「對呀，只是，你的行爲不也是如此嗎？少數幾個傳教士行爲不檢點，你就以他們爲代表，一竿子打翻了一船人，對我們來說，不也是不公平嗎？」

養雞場主人這才明白自己的偏見過了頭，於是，不好意思地抓來了隻肥美強壯的大公雞送給兩位傳教士，並答應不再胡亂說傳教士的壞話了。

傳教士「以其人之道還治其人之身」的法子奏了效，養雞場主人擔心「負面廣告」成眞，壞了自己的生意，忍不住提出抗議，而傳教士則藉此讓雞場主人對於「被誤解」一事感同身受。

像傳教士一樣，設法讓對方有機會站在自己的立場上感受一下，其實是不錯的方法，可以讓彼此冷靜地再權衡一下，看看究竟是「偏執」還是「事實如此」，相信結果會有所不同。

以幽默的方式，不直接面對問題，而採取拐彎抹角的手段，可以消弭彼此針鋒相對的尖銳感，當然，也可以更圓滿地解決問題。

閃避迎面而來的攻擊

不動聲色地沉著應對，看清楚對手攻來的方向，看明白對手所持的武器，再伺機反擊，才能制伏敵人。

批評，其實是一種進步的動力，唯有透過別人的眼睛，才能檢視出自己的盲點，然後修正錯誤，重新整裝出發。

不可諱言的是，別人的批評一定帶有主觀的意見，難免會有偏激或謾罵的言論出現，這種情形特別容易發生在高層領導者的身上。因爲，高層領導者所做的決策，影響到的人數越多，對於每一個個體的需求與照顧也越難周全，當然，所遭遇到的批評與攻訐，也比旁人更多。

那麼，當我們不可避免要遭遇批評時，我們該如何自處呢？

或許，可以聽聽美國總統傑弗遜的答案。

◦用幽默的心情面對惱人的事情

有一次，德國科學家巴倫前來白宮，拜訪美國總統傑佛遜時，不經意間在總統的書房裡看到一張報紙，細讀之下，發現上面的評論，全是辱罵總統的攻擊之辭。

巴倫氣不過，抓起報紙憤憤地說：「你爲什麼要讓這些謠言氾濫？爲什麼不處罰這家報社？至少也該重罰編輯，把這個不尊重別人的傢伙丟進監獄。」

面對眼前氣得頭髮快要冒煙的巴倫，傑弗遜卻微笑著回答說：「把報紙

裝到你的口袋裡，巴倫。如果有人對我們實現民主和尊重新聞自由有所懷疑的話，你可以拿出這張報紙，並告訴他們你是在哪裡見到的。」

新聞媒體的負面評論，當然一定會帶來相當大的影響，但是並非全世界的人都相信該媒體的說法。

所以，如果傑弗遜如同巴倫一般惱羞成怒，甚至利用自己的權勢對該媒體進行施壓、報復，不就反而讓人以為他是心中有愧，被人刺中痛處，才有如此暴跳如雷的舉動。

要處理事情，先處理心情

當你準備處理事情之前，千萬別忘了先處理自己的心情。

只要不任由糟糕的心情做主，就不會有那麼多糟糕的事情！

想要終結毀謗，最好的方式就是不去辯解，讓謠言不攻自破。

身處越高層的人，所得到的掌聲與注目越多，相對的所受到的攻擊也會與日俱增，誰教你目標顯著？

正所謂「譽之所至，謗必隨之」，敵人一定會從你的弱點不斷地攻來，能否坦然處之，不正中敵人下懷，就得看你如何運用智慧去化解危機。有些事越澄清越模糊，越解釋越讓人覺得可能還有所隱瞞，反而對自己不利，麻煩揮之不去。

不如不動聲色地沉著應對，看清楚對手攻來的方向，看明白對手所持的武器，先側身避開要害，然後再伺機反擊，以子之矛攻子之盾，才能制伏敵人。萬一不幸避之不及，最好先求保命，反正君子報仇，三年不晚嘛！

只是倒楣，還算幸運

凡事多看積極面，對於自己的情緒會有很大的激勵效果，心情好轉了，看待事物就不那麼灰暗，不知不覺人也跟著亮起來。

人生不如意十之八九，總是沒有事事順利的。有些時候，甚至覺得爲什麼霉運不斷，好像什麼衰事都迎面而來，眞的是福無雙至，禍不單行。

然而，只要在心態上略作調適，告訴自己，只不過是倒楣而已，其實還算幸運。或許心裡的感覺會好許多。

有一次，曾任美國第三十二任總統的富蘭克林．羅斯福家中遭了小偷，財物損失相當嚴重。

他的一位朋友知道這件倒楣的事以後，便寫信來安慰他。

當下，羅斯福回了一封信給朋友：

「親愛的好友，謝謝你特地來信安慰我，託你的福，我現在很平安，更感謝上帝，因爲：第一，賊偷去的只是我的財物，而沒有傷害我的生命；第二，賊只偷去我的部分東西，而不是全部；第三，最值得慶幸的是，做賊的是他，而不是我。」

在我們受到的委屈的時候，總不免會心生抱怨，甚至怨天尤人，埋怨自己爲什麼會遭受到這樣的不幸。

但是，有些時候反向思考一下，我們其實只不過損失了部分而已，卻保留

住更多的幸福呢！

○要處理事情，先處理心情

正如羅斯福信中所寫的：失去的是東西、保留的是生命。試問兩者相較下，何者對你而言是最重要的呢？

答案應當很明顯吧！畢竟唯有擁有生命，才有機會去享受一切呀！

所以，凡事多看積極面，對於自己的情緒會有很大的激勵效果。心情好轉了，看待事物就不那麼灰暗，不知不覺人也跟著亮起來，好的事物與善的事物必定會接踵而來。

至於倒楣的事，就拋向腦後吧，即使發霉了，也不干你的事。

用各種角度看待事物

不要過度以自我為中心，我們最應該學習以多方面的角度來思考，而不單純的以一種方式來看待事物。

在這個知識掛帥的時代，受教育的多寡彷彿決定了一個人的智商高低、腦容量的多寡，但其實這是一種嚴重的謬誤。

許多人在許多事物上都存有既定的看法，而在接受教育的過程當中，更容易被教導許多既定的觀念和想法。所以，當我們所受的教育多了，就越容易失去從其他方向思考的能力。

美國作家艾薩克．阿西莫夫的汽車修理師極愛說笑話，每次碰上了艾薩克就愛聊上好半天。

有一次，他從引擎蓋下抬起頭來對艾薩克．阿西莫夫說：「博士，出個題目給你猜，有一個又聾又啞的人來到一家五金店買釘子，他把兩個手指頭並攏放在櫃台上，用另一隻手做了幾次錘擊動作，於是店員給他拿來一把鎚子。但他搖搖頭，指了指正在敲擊的那兩個手指頭，店員便給他拿來了釘子，他挑選出合適的就走了。那麼，博士，聽好了，接著進來一個瞎子，他要買剪刀，你猜他會怎樣表示的呢？」

艾薩克．阿西莫夫沒多想，立即舉起右手，用食指和中指做了幾次剪東西的動作。修理師一看，不禁開心地哈哈大笑起來：「啊！你這個笨蛋。他當然是用嘴巴說要買剪刀呀。」

接著，修理師又頗爲得意地說道：「今天，我用這個問題把所有上門的主顧都考了一下。」

「上當的人多嗎？」艾薩克急著問。

「不少。」他說：「但是，我事先就斷定你一定會上當。」

「那是爲什麼？」艾薩克不無詫異地問。

「因爲，你受的教育太多了，博士，光是從這一點，我就可以知道你不會太聰明的。」

要處理事情，先處理心情

有許多人未曾接受過高等教育，卻能在生活之中習得了更多書本裡學不到的東西，領悟力比端坐在課室裡的學子來得好。如果在受教育時，沒有先學得

了自由思考的能力，只是一味地把書本裡的東西往腦袋裡塞，最後成了只會吊書袋的書呆子，反而容易被人取笑。

汽車修理師的問題，你答得對嗎？

你的思緒與邏輯是否被既定的印象與答案束縛住了呢？

其實，我們最應該學習的是以多方面的角度來思考，而不單單以一種固定的方式來看待事物。

不要過度以自我爲中心，也不要輕信權威，應該有自己的主張，習慣針對事物本身去做多面向的考量，如此一來，處理事物時就能更加客觀，而不致於陷入舊有窠臼之中，或被假象蒙蔽了雙眼。

5

PART

要真心建議，不要惡意批評

同樣的意見，
說得好是建議，說得不好是批評，
所以，一定要小心謹慎，
以免好心卻被誤以為惡意。

要真心建議，不要惡意批評

同樣的意見，說得好是建議，說得不好是批評，所以，一定要小心謹慎，以免好心卻被誤以為惡意。

美國幽默大師威爾．羅傑斯這麼說過：「每個人都無知——都針對某一個主題一無所知。」

這一句話透露出人非萬能，沒有人什麼都會，所以我們需要共同合作，去補足我們無知之處；人類群居生活，爲的就是能時時互相幫助。

同樣的，沒有一個人能說自己什麼都對，什麼都考慮得周詳，所以從古到今，多少先聖哲人勸誡我們不可驕傲自私，要虛懷若谷，廣納諫言。特別是對

於居高位的執政者，要求更甚。

曾經有這麼一則故事流傳。

古代波斯皇帝將大臣召集到他的身邊來，對他們說：「我想要知道你們對我的看法。你們認爲我是一個好皇帝嗎？你們要毫無畏懼地說實話，我會賞給你們每人一顆寶石。」

於是，大臣們一個接著一個地走到皇帝面前，無不誇大其詞地讚揚皇帝的種種美德，最後，終於輪到智者埃拉姆。

只見埃拉姆站起身來，緩緩地走到皇帝身側。

他向皇帝說：「我寧可不發言，因爲眞理是買不到的。」

皇帝怔了一下，隨即對他說：「好吧，那我就不給你任何報酬，你儘管自由地說出你的看法吧。」

埃拉姆恭敬地回話：「皇上，你要知道我對你的看法？我想你是一個有許

多弱點和缺點的人，和我們每個人一樣。然而，你的過失卻與一般人不同，因爲你的過失將會帶來更嚴重的後果，事實上，全國人民已因賦稅過於沉重而怨聲載道。我認爲你爲了舉辦宴會、建築宮殿，尤其是無謂的戰爭已花費過度。」

皇帝十分震驚於他所說的話，因爲他從未聽見這些批評，內心將埃拉姆的話反覆思量，覺察自己確實有錯，於是他開始認眞地反省。

最後，他仍一如他先前所許諾的，賞給大臣們每人一顆寶石，同時也任命埃拉姆爲宰相。

次日一早，那些阿諛諂媚的大臣們紛紛又來到皇帝面前，滿嘴抱怨地說道：

「皇帝啊，那個賣給你這些寶石的商人應該被吊死，因爲，你送給我們的這些寶石都是假的。」

皇帝不置可否地回答：「喔，這我知道，那些寶石就跟你們所說的話一樣，都是假的。」

在中國，同樣也有許多爲了國家、爲了君主而勇於進諫的臣子。

然而，並不是每個人都愛聽批評自己的言論，這個時候，機智說話的技巧就派得上用場了。

例如，在春秋時候，齊景公愛喝酒是出了名的，有一次竟然荒唐到連喝上七天七夜還不罷休。

大臣弦章看不下去，於是死諫說：「君王已經連喝七天七夜了，請您以國事爲重，趕快戒酒，否則就請先賜我死吧。」

齊景公沒有回答，只是先斥退了弦章，他聽了心裡很不高興，可是一時又不好發作，總不能眞的因爲這件事就賜死大臣吧。

這時候，剛好另一名臣子晏子也來覲見齊景公，齊景公便向他訴苦說：「弦章勸我戒酒，要不然就賜死他，我如果聽了他的話，以後恐怕就得不到喝酒的樂趣了；不聽的話，他又不想活，這可怎麼辦才好？」

晏子聽了便說：「弦章遇到您這樣寬厚的國君，眞是幸運啊！如果遇到夏桀、殷紂王，不是早就沒命了嗎？」

齊景公自然是聽出了晏子的弦外之音，仔細想想，要是眞的荒廢了國政也不好，於是果眞戒酒了。

齊景公與波斯皇帝知過能改的氣度，自然是値得爲後人稱頌，因爲以他們萬人之上的地位，仍能虛心接受他人建議，實屬難得。

弦章勇敢死諫，固然勇氣可佳，但是很明顯的，並不一定能夠得到想要的效果，萬一齊景公惱羞成怒，他恐怕就必死無疑了，而且齊景公可能反而喝得越兇，適得其反。

相對的，晏子以機智幽默，抓住齊景公脾胃，果然暗示成功，達成了勸齊景公戒酒的目的。

人和人之間的相處，言語和思想上的往來，是理所當然的。但同樣的意見，說得好是建議，說得不好是批評，所以，當我們眞的覺得不得不發議論的時候，一定要小心謹愼，以免好心卻被誤以爲惡意。

應該記住美國詩人愛麗絲．米勒的這個原則：「如果批評朋友使你痛苦難當，那麼你便可以安心批評。但如果批評朋友能讓你感到快樂，即使只有一絲絲喜悅，也是你該閉嘴的時候了。」

小氣過了頭，小心因小失大

如果心存欺瞞狡詐，別人也不會對你太客氣；只知道小氣吝嗇，別人也很難慷慨相對。

做生意，講求的是誠信原則，吃虧或是佔便宜都做不成生意。例如，老闆怕客人殺價，一開始就把售價定得老高，而客人認定老闆一定早加了三、四成的價格，所以早就打定主意要攔腰殺價。於是，這麼一個往下砍，一個向上加，花了老半天還成不了交易。

但無論如何，如果存心佔便宜，那麼就算這次別人認虧，下一次也絕對不再和你合作，那麼吃虧的究竟是誰呢？

記得有這麼個有趣的故事。

有一個很吝嗇刻薄的大富翁，養了五隻狼狗。一天，富翁請了一位畫家到家裡來爲狼狗畫一幅生活畫，他要求畫家在他家美麗的花園裡，描繪出狼狗們活蹦亂跳的各種神態。

畫家花了三天時間，在他家的花園裡捕捉這五隻狗玩耍的動作。畫好了之後，畫家將這幅畫得很生動的圖畫拿給富翁看，可是，富翁卻藉故挑東揀西，因爲這個吝嗇的富翁心想，如果多挑剔一點，付款時就可以用對成品不滿意的藉口少付點錢。

畫家早聽說過這個富翁吝嗇成性，心裡很明白富翁的詭計，所以還是不動聲色地照著富翁不滿意之處一次又一次地修改。

最後，他將一幅已經修改了四、五次的畫帶給富翁，只見富翁拿著畫左看右瞧之後竟然說：「哎呀！你怎麼沒有把狗屋給畫上去呢？」

「狗屋？」畫家一楞，想不到富翁竟還有這麼一招。

「是啊！我的狗最怕讓別人盯著看了，每一次只要有人朝著牠們看，牠們就會馬上躲進狗屋去，所以沒有狗屋是不行的。」

畫家儘管生氣，但仍然不動聲色，想了想說：「好吧！我將畫改過後，明天送來給你。」

第二天，畫家將修改好的畫送來給富翁。

「咦！怎麼只有狗屋，我的狗呢？」

「因爲我們現在正盯著牠們，所以牠們躲進狗屋不出來了。你先把畫掛在牆上，過些時候沒人注意，牠們就會出來了。」畫家泰然自若地回答，「現在，請您付錢，謝謝。」

畫家以其人之道還治其身，一句話將富翁堵得啞口無言，富翁縱使百般不甘願，也只好乖乖付錢。

所謂一分錢一分貨，本來想要客戶付款付得爽快，理所當然要盡力將成品做到令客戶滿意，但是，遇上了像富翁這般的「奧客」（壞客戶），如果畫家沒有這麼發揮機智幽默，不動聲色地自力救濟，恐怕永遠也拿不到錢了，只是白白浪費精神力氣。

節儉是美德，吝嗇就不太可取了，托爾斯泰說：「沒有錢是悲哀的事，但金錢過剩則加倍悲哀。」

當然，或許有人會說，錢哪會怕用不完？

但是，如果不能將每一分錢充分發揮功用與意義，只是鎖在箱子裡，抱在懷裡，擔心被人偷走，又有什麼用呢？

更何況，該給的就要給人，為了省一點點小錢，讓自己的嘴臉變得猙獰醜陋，犧牲了尊嚴和名聲，眞的有價值嗎？

試想，今天貪小便宜買來的東西，要是哪一天出了問題，還能奢望有人會來爲你售後服務嗎？

中國宋代理學家程頤說：「以誠感人者，人亦以誠而應。以術馭人者，人亦以術而待。」

換言之，如果心存欺瞞狡詐，別人也不會對你太客氣；只知道小氣吝嗇，別人也很難慷慨相對。懂得誠信待人，才能永續經營，不論是做生意還是自己的人際關係，都是如此。

就算妥協，也要無愧無悔

事情會不會發生？最後會如何演變？這些並非個人所能控制，但我們至少可以堅持不要愧對自己。

人類是群居動物，既然不得不跟別人一起相處，就不可能每件事情都順著自己的心意而行。

在民主社會裡，更是如此；如果想要得到他人的認同，讓自己心之所願付諸實行，就一定要運用某些手段才行。

這些手段可能是引導，可能是說服，可能是逼迫，也可能是欺騙，總之是某一方運用影響力，使得另一方做出自己希望的決定或行動。

如果發揮影響力的一方，能使對方心甘情願地做出回應，那麼便不至於發生什麼衝突或爭執；但如果讓對方產生了反感，便會爲了捍衛自己的意見和想法，而做出相對的反擊。

○用幽默的心情面對惱人的事情

在三百多年前，一名建築師克里斯托．萊伊恩受命設計英國溫澤市的市政府大廳。在他的設計裡，巧妙地運用了力學的原理，整座大廳的天花板竟只需用上一根柱子便可支撐。

但是，當建築峻工，政府官員前來驗收的時候，卻認爲只用一根柱子支撐的天花板未免太過危險，便要求萊伊恩非得再多加幾根柱子不可。

儘管萊伊恩提出了種種證據來佐證自己的論點，強調以一根堅固的柱子就足以支撐天花板，大廳的安全無虞，不需再多加柱子，但是，官員們並不以爲然，仍要求他一定得照辦，否則就要他退出建築工程，還威脅他可能因爲違約而吃上牢飯。

固執的萊伊恩不得不開始思考，自己究竟要不要妥協。

他心想，如果堅持己見，繼續爭執下去，他肯定沒有勝算，政府官員一定會找別人來重新設計，那自己的心血不就白費了嗎？

但是，他又不甘心自己的理念被如此貶抑。最後，他終於做下決定，同意在大廳裡再加上四根柱子，但是這些柱子的頂端並沒有接觸到天花板，也就是說這些柱子只是擺好看的，並沒有任何支撐的作用。

他用這個方法通過政府官員的驗收，同時又不減損自己的信念。

三百年後，當市政府準備重新修繕大廳時，才終於發現了這個秘密，一時間引起廣泛討論，萊伊恩的建築功力，此時才受到了世人的肯定。當年那些政府官員早已消失在時間的洪流之中，可是建

造出這幢「嘲笑無知建築」的萊伊恩，卻在建築史中留下印記。

如果我們注定要接受妥協，我們會用什麼樣的方式去面對？能不能像萊伊恩一樣想出辦法化解呢？

對於市府大廳的設計，建築師有建築師的想法，官員有官員的考量，他們都認爲自己是對的。

所抱持的立場不同，做出來的決定當然也不同。在當年，看起來像是官員贏了，而萊伊恩輸了，但三百年後卻又是完全相反的結果。

這個故事告訴我們，我們不能知道我們所做下的決定是不是絕對正確無誤，也不知道我們的決定會對未來造成什麼樣的影響，我們只能對自己充滿信心，相信我們的每一個決定是經過我們深思熟慮、謹慎評估才行動的。

如此一來，就算是眼前必須讓步、妥協，只要最後的決定對得起良心，那麼我們就不會後悔。

有人說：「我們可以選擇如何反應，卻控制不了事情的發生。」

說穿了，我們所做出的每一個決定與行動，其實都是自己心底同意了才會去做的；一個不覺得自己做錯的人，是不會感到悔恨與不快樂的。

就算是自覺所作所爲都是爲人所逼，歸咎原因，其實也是自己願意被逼才會如此行動，所以當我們發現自己做出違背初衷的行動時，懊悔的感受是來自於自己而非外在。

相對的，面對不利於自己的形勢，如果我們能依著自己的心意去反應，對於結果我們就不至於會過於苛求。

所以，做決定時，一定要先問問自己：「眞的決定這麼做了嗎？願意承擔所有的後果了嗎？」就算妥協，也要無愧於心。

事情會不會發生？最後會如何演變？這些並非個人所能控制，但我們至少可以堅持不要愧對自己。

創意，就是成功的動力

廣告要是做得恰到好處，簡單的一句話，就能發揮最大的效用，如同在平靜的湖水中，投入一個激起陣陣漣漪的石子。

再好的產品，如果沒有良好的包裝，也很難吸引群眾的目光，當然更難以博得大眾的認同。

譬如，一個質感美味的蛋糕，若沒有加上精緻的鮮奶油、水果……等裝飾，似乎就不容易讓人有食指大動的感覺。反之，一個包裝精美的禮盒，似乎就會讓人覺得裡頭的價值一定不低。

包裝的手法，說來可有大學問，非但要做得能勾起別人想一探究竟的興趣，創意還要能玩得自然且不露痕跡。如此一來，才能達到宣傳與促銷的效果。

知名的英國文學作家毛姆成名之前，生活過得相當清苦，雖然創作出來的作品不少，但是銷售狀況不佳，不免有著懷才不遇之憾。

於是，他不斷苦思究竟要如何增加文章的價值，讓自己有機會得到讀者的賞識。

有一次，當他完成一部小說之後，爲了宣傳造勢，便匿名在報紙上刊登了這樣一分徵婚啓事：「本人喜歡音樂和運動，是個年輕又有教養的百萬富翁，希望能和毛姆小說中的女主角一樣的女性結婚。」

幾天之後，毛姆的小說便被搶購一空。

所以說，廣告要是做得恰到好處，簡單的一句話，就能發揮最大的效用，如同在平靜的湖水中，投入一個激起陣陣漣漪的石子。

人人爭相口耳相傳，就是所謂廣告的效益，掌握人們習慣性心態，廢話不多說，就能得到意想不到的效果。

要處理事情，先處理心情

在毛姆的廣告中，營造出一種神祕感與高貴感。

他以年輕又有教養的百萬富翁作為前題，塑造出許多人夢寐以求的黃金單身漢形象，首先吸引了想嫁給百萬富翁的眾家女孩注意；接著是又嫉妒又羨慕的眾家男孩，也想知道究竟百萬富翁想娶的女孩和自己理想中的伴侶有什麼差別。於是，每個人都想知道「毛姆小說中的女主角」究竟是怎麼樣的人，當然這本書不大賣不行。

因為，那則廣告已經成功地引起大眾的注意，儼然成為一種新流行，不知

道「毛姆小說中的女主角」究竟是什麼樣子的人，成了嚴重落伍的ＬＫＫ，豈是一個遜字了得？

這就是成功的廣告，這就是成功的宣傳，如果毛姆沒有發揮機智，掌握出奇制勝的法則，只是一味待在家裡苦等有心人來敲門，那麼恐怕等得再久，都還是一個沒沒無聞的作家。

這則令他頓時成為衆人焦點的廣告，成功地為他打開作品的知名度，也讓更多人知道他的文采，進而瞭解，進而欣賞，形成了他創作的新動力。

要有別人模仿不來的胸懷

唯有真正的實力不容質疑，與其憤怒於別人的抄襲，不如以寬大的胸懷去接受別人眼中的自己，進而磨練出別人模仿不來的特質。

人，喜歡自己是獨一無二的個體，痛恨別人抄襲自己。

然而，弔詭的是，人也喜歡追求流行，喜歡和別人一樣，以免顯得落伍。特別是當偶像穿了什麼、吃了什麼、甚至做了什麼，似乎只要和他一樣，就覺得很光榮、很快樂。於是，滿街相似的鞋子、相似的背包、相似的髮型……。

既然人們不喜歡被抄襲，那麼當發現自己被人模仿、甚至被複製時，心裡會有什麼樣的感受呢？

在藝術界有舉足輕重地位的名畫家畢卡索，曾經有過這麼一個經驗。

既然畢卡索是世界知名的繪畫大師，他的作品無論是畫作還是雕塑品，都是美術收藏家愛不釋手、爭相收藏的寶貝。

也因爲他的作品價值及效益相當高，於是坊間出現了許多贗品，企圖蒙蔽藝術品鑑賞力不夠專精的收藏者。

仿冒者靠著贗品賺進了大把的鈔票，當然也就代表者畢卡索蒙受嚴重的損失。這樣的消息或多或少也傳進了畢卡索的耳裡。

然而，畢卡索對於有人仿冒他的作品一事絲毫不在乎，也從不追究，頂多只是把

僞造的簽名塗掉罷了。

有人對於他的作法相當不解，忍不住問他爲什麼這樣做。

畢卡索說：「作假畫的人，不是窮畫家就是老朋友。我是西班牙人，不能和老朋友爲難，窮畫家朋友們的日子也不好過，再說，那些鑑定眞跡的專家也要吃飯。畢卡索的假畫使許多人有飯吃，我也不算吃虧，爲什麼要追究呢？」

能有如此寬闊的胸襟，難怪可以成爲大師。因爲，畢卡索心裡明白，是因爲自己的畫作有非凡的價值，才有人要費心力去仿作，而有了這些人的仿作無形中也更增加了原作的價值。

換句話說，唯有夠出名的人，會成爲衆人模仿的對象。

如果，畢卡索只對自己眼前的利益有興趣，只在乎贗品讓自己的利益蒙受損失，而不是展現出自己的作品有著贗品模仿不來的品質與實力，那麼，他根本沒有生氣的立場。

因爲，說不定當贗品的作者，將自己的實力展現在自己的作品上時，或許世界上就出現了另一位優秀的藝術家。

唯有眞正的實力不容質疑，也不怕別人抄襲。所謂「眞金不怕火煉」，與其憤怒於別人的抄襲，不如以寬大的胸懷去接受別人眼中的自己，進而磨練出別人模仿不來的特質。

在人生的過程中，如果我們不想讓自己的心情充滿陰霾，就必須像畢卡索一樣，學會用寬闊的胸襟面對那些惱人的事情。

量力而為，才是真正的成功

所謂「兩害相權取其輕，兩利相權取其重」，如果能運用智慧，使事情得以兩全，魚和熊掌都想辦法得到，那是再好不過的了。

英雄人人想做，但可不是人人都做得到。除了要有機緣，還得要有足夠的實力和機智反應才行。

當一個可能成爲英雄的機會來到你的面前時，你會如何抉擇？

是不顧一切，只爲了求得成功？

還是先惦惦自己的分量，再考慮要不要做、該如何做，以免英雄當不成，卻成了十足的狗熊？

貝爾納是一位法國著名的作家，一生中創作了大量的小說和劇本，在法國影劇史上占有極重要的地位。

有一次，一家法國報社安排了一次有獎徵答比賽，請讀者將答案寄到報社，再由報社選出內容最佳的答案，獲選人可以得到一筆鉅額獎金。

其中有這麼個題目：「如果法國最大的博物館羅浮宮失火了，情況相當緊急，只允許搶救出一幅畫，你會搶哪一幅？」

結果，在成千上萬的回答中，貝爾納以最佳答案獲得該題的獎金。

他的回答是：「我搶離出口最近的那幅畫。」

羅浮宮的藝術品，當然是世界珍寶。但是，若爲了搶救最爲珍貴的一幅畫，而陷入重重危機，甚至使自己喪失寶貴的性命，那麼即使是世界珍寶也同樣成了廢紙，不是嗎？

所以，貝爾納答得好，要在自己確保安全的狀態下，盡力求得最大的效益，才是最正確的做法，如此不但保全了一幅珍貴的畫作，更保全了自己的生命。

所謂「兩害相權取其輕，兩利相權取其重」，如果能夠運用智慧，使事情得以兩全，魚和熊掌都想辦法得到，那是再好不過的了。

突如其來的狀況或是事態急迫時，特別容易讓人心慌意亂，如果不能冷靜下來想妥辦法，當然難以隨機應變。

所以，遇事要冷靜，先擬妥計劃；設定目標時更要實際，仔細衡量自己的能力，不要奢想自己根本做不到的行動，然後，把握住時機，全力衝刺，拚勁一搏，所得到的結果，說不定會比自己原先預期的還要好。

凡事先量力而爲，踩著踏實的腳步，一步接著一步地前進，完成一個目標，再邁向下一個目標；那麼不論如何，你都已經達成一個目標了，能夠掌握在手裡的成功，才是最眞實的。

有人說過，人生就如一場棒球賽，場上有一個個壘包，是每一個人生階段的重要目標，只要打擊出去，不論所擊出的是安打或全壘打，一定得踩過每一個壘包，奔回本壘後，才能算得分。

其實，就算不是強打選手，就算不能擊出全壘打，只要有機會站上壘包，就有機會爲隊伍得到分數。因此，不要過分膨脹自己，也不要過度貶抑自己，重要的是，要清楚地認識自己。

不要當面給人難堪

當面給人難堪並不是什麼值得稱許的事，反倒是以同理心的態度為他人著想，才是真正令人敬重的修養。

看到一個人在路上踩著了香蕉皮，因此滑了一跤，你是會捧腹大笑，還是會過去扶他一把？

大文豪海明威的哲學是：「千萬別譏笑不幸的人」。別人的困窘和不幸，都不是一件可笑的事，至少不該由旁人來笑，因為那是他個人的事。

二次大戰時期，萊德勒少尉服役的美國海軍砲艇「塔圖伊拉」號停泊在重慶。這天，他興致勃勃地參加當地舉辦的一種碰運氣的「不看樣品的拍賣會」。那位拍賣商是以惡作劇而聞名的，所以當拍賣一個密封的大木箱時，在場的人都肯定箱裡裝滿了石頭，然而，萊德勒卻開價三十美元。

拍賣商隨即喊道：「賣了！」

萊德勒打開木箱，裡面竟是兩箱威士忌酒，那在戰時的重慶來說，是極為珍貴的酒。於是，眾人大嘩，那些犯酒癮的人甚至願意出價三十美元買下一瓶，卻都被萊德勒回絕了。

他說，他不久要被調走，正打算將這箱酒用來開一個告別酒會。

當時，人在重慶的美國著名作家海明威也犯了酒癮，聞訊之後來到「塔圖伊拉」號砲艇，對萊德勒說：「聽說你有一箱醉人的美酒，我想向你買六瓶，你要什麼價格？」

萊德勒想了一想說：「好吧，我用六瓶酒換你六堂課，教我成為一個作家，如何？」

海明威做了個鬼臉，笑道：「老兄，我可是花了好幾年功夫才學會幹這行，這價格可夠高的。好吧，成交了！」

如願以償的萊德勒連忙遞上六瓶威士忌給海明威。

接著的五天裡，海明威不失信用地給萊德勒上了五堂課，萊德勒很爲自己的交易感到得意，因爲他只以六瓶酒就能得到美國最出名的作家指點。

海明威眨眨眼說：「你眞是個精明的生意人。我只想知道，其餘的酒你曾偷偷灌下多少瓶？」

萊德勒說：「一瓶也沒有，我要全留著開告別酒會用呢！」

海明威有事要提前離開重慶，萊德勒陪他去機場，海明威微笑道：「我並沒忘記，這就給你上第六堂課。」

在飛機的轟鳴聲中，海明威說：「在描寫別人前，首先自己要成爲一個有修養的人……」作家接著說：「第一要有同情心，第二能以柔克剛，千萬別譏笑不幸的人。」

萊德勒說：「這與寫小說有什麼相干？」

海明威一字一頓地說：「這對你的生活是至關重要的。」

正在向飛機走去的海明威突然轉過身來，大聲道：「朋友，你在爲你的告別酒會發請柬前，最好把你的酒抽樣檢查一下！再見，我的朋友！」

回去後，萊德勒打開一瓶又一瓶酒，發現裡面裝的全是茶。他這才明白海明威早就知道了實情，卻隻字未提也沒有譏笑的意思，依然遵諾踐約。

此時，萊德勒才懂得，一個有修養的人的涵義。

如果要貶低別人，才能得到自我的價值認同，那麼這個人的心必定是不美的，是醜惡的。

人類學家艾胥利．蒙塔古相信：「教育的主要目的是教導學生成為一個具有愛心，懂得關懷別人的人。……這點是可以證明的，如果不在『心』上面下功夫，那麼無論在智力上做了多少訓練，教育功能還是不彰的。結果可能造就一位得了文憑，學富五車，卻是冷酷無情的人。」

當面給人難堪並不是什麼值得稱許的事，反倒是如海明威般，以同理心的態度為他人著想，才是眞正令人敬重的修養。

尊重，是建立良好人際關係的基石

逞一時口舌之快，並不能帶來什麼實質的效益。你損人家，別人自然會損你，出口之前多多三思吧。

朋友之間，因爲感情太好，難免會口無遮攔、百無禁忌，總認爲彼此開開玩笑沒什麼大不了的。

然而，有時候玩笑開過頭了，我們眞的能敞開胸襟一笑置之嗎？

面對敵人的挑釁，往往因爲心裡做足了防備，眞正的傷害反而不大，但遭到自己親暱信任的人，不經意地刺中自己的弱點，即使臉上撐著笑，恐怕心裡還是會頗爲傷痛吧！

一個人是否成熟完美，不單單在於他是否「知道」自己，還要能夠「知道」別人。所謂「知道」，是指明瞭對方的感受與思想。

用幽默的心情面對惱人的事情

蘇東坡和佛印和尚是很好的朋友，但是兩人都喜歡彼此嘲諷對方，每次碰著了，不互相較勁一番總不肯罷休。儘管這樣激烈的唇槍舌劍常常上演，卻似乎沒有減損他們的友誼。

據說，有一天，蘇東坡與佛印兩人一起坐著打禪。

一會兒工夫，蘇東坡睜開眼問佛印：「你看我坐禪的樣子像什麼？」

佛印看了看，頻頻點頭稱讚：「嗯！你像一尊高貴的佛。」

蘇東坡聽了暗自竊喜。

沒多久，佛印也反問道：「那你看我像什麼呢？」

蘇東坡打定主意故意要氣佛印：「我看你簡直像一堆牛糞。」

沒想到，佛印居然只是微微一笑，沒有出言反駁，蘇東坡這下子更加沾沾自喜了。一回到家中，蘇東坡就迫不及待得意地告訴他的妹妹：「今天佛印被我好好地修理了一番。」

但是，當蘇小妹聽了事情原委後，反而笑了出來。

蘇東坡好奇地問：「有什麼好笑的？」

蘇小妹目光狡黠地說：「人家佛印和尚心中有佛，所以看你如佛；而你心中有糞，所以看人如糞。其實，輸的人是你呀！」

◎要處理事情，先處理心情

哲學家說：「從批評的話中，不一定能了解『被批評者』的問題，但卻能從那些話中看出『說出批評的人』的眼界與識見。」

即使是再好的朋友，也常常爲了小事爭輸贏，沒了面子就搶裡子。佛印不爭口頭之利，反而讓蘇東坡吃了大虧，還賠上了自讚毀人的膚淺惡名。所以，這對朋友畢竟還是佛印棋高一著，將禪機參了透徹，如果心思純正空靈，那麼佛與糞又有什麼差別呢？佛印簡單的應對，就透露出他的過人之處。

人的心裡怎麼想，就會說出什麼樣的話來，做出什麼樣的事來。待人處世的風範正好能反映出一個人的內涵，眼中所見的是牛糞還是仙佛，就全在你的一念之間了。

佛印和蘇東坡，他們兩人眞正知心、相互了解，明白對方的尺度在何處，懂得點到爲止，也就不至於失了分寸，壞了友誼。蘇東坡仕途不順，心中必定有著許多苦悶，也恰巧他有這麼些知心好友，與他玩笑競爭，能讓他暫時跳脫俗事紛亂，練就豁達的人生觀。

但是，我們能自信自己有佛印和蘇東坡這樣開得起玩笑的雅量嗎？反過來講，嘲諷和口頭上佔便宜，眞的是朋友相交相處之道嗎？

佛家說：「天下最毒的東西，是咒罵他人的說話。在惡毒的話仍未說出口時，毒素已把說話人的心靈荼毒。」

逞一時口舌之快，並不能帶來什麼實質的效益。

你損人家，別人自然會損你，如果沒有自信自己能承受得了，還是在出口之前多多三思吧。

尊重別人、體諒別人，是營造良好人際關係的重要基石，對於我們親愛的家人與朋友，更是要牢牢守住彼此的這層分際，畢竟，我們最不想傷害的，不就是我們深愛的人嗎？

用輕鬆的心情面對惱人的事情

用幽默代替難過

HUMOROUS ATTITUDE TO LIFE

凌越 編著

佛列克曾說：「一個人『難過』的時候，如果懂得己開玩笑，那麼，這個『難過』就會在自己心中沉沒。」

其實，所有讓自己「難過」的事，是否真的如自己認為的那麼難過，完全取決於一念之間。

如果你懂得在遇到「難過」的事情時，選擇用「跟自己開玩笑」的幽默態度面對，將會恍然發現，

原本讓自己感到「難過」的事情，並沒自己想像中那麼難過。

法蘭西斯・培根曾說：

**當我們面對不知如何因應的尷尬場面，
與其沉默面對，
還不如用幽默巧妙化解。**

的確，用幽默積極因應不知如何應對的尷尬場面，永遠比用沉默消極面對的效果要好上許多，因為，面對自己不想面對的問題，保持沉默，問題並不會消失不見，但是，如果懂得用幽默化解，問題就會立刻迎刃而解。

黛恩——編著

心態改變 人生也會跟著改變

CHANGE NOW IS TO CHANGE THE FUTURE

作家弗列德利曾說：
「兩個人從同一座城堡，由內往外望，一個望見的是泥土，另一個望見的是星星。」
這句話告訴我們，用不同的心態看問題，最後得出的答案，勢必截然不同，
因此想要改變自己的未來，完全取決於你用什麼心態去面對現在。
想要改變自己的人生，首先必須改變自己的心態。

只有願意
改變心態的人
才有未來

人生歷程中的失敗和煩惱，往往來自於我們偏執的錯誤心態，
想要改變自己的人生，首先必須改變自己的心態。

溝通大師

60

先處理心情，再處理事情

作　　者　塞德娜
社　　長　陳維都
藝術總監　黃聖文
編輯總監　王郡凌
出 版 者　普天出版家族有限公司
　　　　　新北市汐止區忠二街 6 巷 15 號
　　　　　TEL / (02)26435033（代表號）
　　　　　FAX / (02) 26486465
　　　　　E-mail：asia.books@msa.hinet.net
　　　　　http://www.popu.com.tw/
　　　　　郵政劃撥 19091443 陳維都帳戶
總 經 銷　旭昇圖書有限公司
　　　　　新北市中和區中山路二段 352 號 2F
　　　　　TEL / (02) 22451480（代表號）
　　　　　FAX / (02) 22451479
　　　　　E-mail：s1686688@ms31.hinet.net
法律顧問　西華律師事務所・黃憲男律師
電腦排版　巨新電腦排版有限公司
印製裝訂　久裕印刷事業有限公司
出 版 日　2024 年 4 月第 2 版第 1 刷
ISBN◉978-986-389-915-0　　條碼 9789863899150

國家圖書館出版品預行編目資料

先處理心情，再處理事情／
塞德娜著.一第 2 版.一：新北市,普天出版
2024.4 面；公分. -（溝通大師；60）
ISBN◉978-986-389-915-0（平裝）

普天之下・盡是好書
普天出版家族
Popular Press Family
凌雲文創
A-Plus Creative Company